SPRACHWISSENSCHAFTLICHE
STUDIENBÜCHER

BAND 2

HERWIG GÖRGEMANNS
MANUEL BAUMBACH
HELGA KÖHLER

Griechische Stilübungen

Übungsbuch
zur Verbalsyntax und Satzlehre

Universitätsverlag
WINTER
Heidelberg

Bibliografische Information der Deutschen Nationalbibliothek

Die Deutsche Nationalbibliothek verzeichnet diese Publikation
in der Deutschen Nationalbibliografie;
detaillierte bibliografische Daten sind im Internet
über *http://dnb.d-nb.de* abrufbar.

UMSCHLAGMOTIV

Bodleian Greek Inscription N. 301/recto/.

Gedruckt mit freundlicher Genehmigung
des Ashmolean Museum of Art and Archaeology Oxford.

ISBN 978-3-8253-5594-4

Dieses Werk einschließlich aller seiner Teile ist urheberrechtlich geschützt. Jede Verwertung außerhalb der engen Grenzen des Urheberrechtsgesetzes ist ohne Zustimmung des Verlages unzulässig und strafbar. Das gilt insbesondere für Vervielfältigungen, Übersetzungen, Mikroverfilmungen und die Einspeicherung und Verarbeitung in elektronischen Systemen.

© 2010 Universitätsverlag Winter GmbH Heidelberg
Imprimé en Allemagne · Printed in Germany
Druck: Memminger MedienCentrum, 87700 Memmingen

Gedruckt auf umweltfreundlichem, chlorfrei gebleichtem
und alterungsbeständigem Papier

Den Verlag erreichen Sie im Internet unter:
www.winter-verlag-hd.de

VORWORT

Die freundliche Aufnahme des ersten Bandes der Griechischen Stilübungen, der die Formenlehre und Kasussyntax behandelt, und zahlreiche Nachfragen nach einer Fortsetzung haben uns ermutigt, einen zweiten Band zur Satzsyntax folgen zu lassen.

Das für den ersten Band erarbeitete didaktische Konzept wurde unverändert fortgeführt, beide Bände zusammen bilden ein Unterrichtswerk, das für universitäre Kurse in griechischen Stilübungen auf der BA- und MA-Stufe Übungsmaterial zur Verfügung stellt, aber auch für das Selbststudium geeignet ist.

Den Grundstock des Materials bildet wiederum der reiche Fundus von Herwig Görgemanns, der in gemeinsamer Arbeit ergänzt und verbessert wurde. Für die hervorragende Unterstützung bei der Überarbeitung und Drucklegung möchten wir uns bei Dr. Serena Zweimüller herzlich bedanken. Dem Winterverlag danken wir für die bewährte Zusammenarbeit.

Heidelberg / Zürich
im Dezember 2009   Die Autoren

INHALT

VORWORT 5

EINLEITUNG 9

ÜBUNGSTEIL [LÖSUNGSTEIL]

I	Aspekte und Tempora 14	[47]
II	Genera Verbi 16	[52]
	II 1 Passiv 16	[52]
	II 2 Medium 18	[56]
	II 3 Medio-passive Verbalparadigmen 20	[60]
III	Modi 22	[63]
IV	Negationen 24	[68]
V	Infinitiv und AcI 26	[72]
VI	Partizip 28	[77]
VII	Fragesätze 30	[81]
VIII	Abhängige Aussagesätze 32	[85]
IX	Final- und Befürchtungssätze 34	[88]
X	Konsekutivsätze 36	[92]
XI	Kausalsätze 38	[95]
XII	Konditional- und Konzessivsätze 40	[97]
XIII	Temporalsätze 42	[101]
XIV	Relativsätze 44	[103]

ANHANG

I Die Aspekte 106
II Die Verknüpfung von Sätzen in griechischer Prosa 111
III Tropen und Figuren 115

INDEX DER WORTFELDER 134

VOKABELLISTE GRIECHISCHE STILÜBUNGEN BAND I ... 135

EINLEITUNG

Gegenstand des zweiten Bandes der Griechischen Stilübungen ist die Verbalsyntax und Satzlehre der griechischen Sprache. Bereits im ersten Band, der die Formenlehre und Kasussyntax des Griechischen behandelt, finden sich in den erläuternden Anmerkungen von Fall zu Fall Verweise auf dieses Gebiet, das nun systematisch dargeboten wird. Der zweite Band setzt die Vertrautheit mit dem grammatischen Stoff und den Vokabeln des ersten Bandes voraus, und in vielen Fällen wird auf Beispiele aus dem ersten Band verwiesen, die geeignet sind, das neue Material mit schon bekanntem zu verbinden und dadurch bereits erworbene Kenntnisse zu erweitern.

Die didaktischen Grundsätze und der Aufbau dieses Übungsbuches entsprechen denen des ersten Bandes; wie dort sind jeder Lektion Vokabellisten beigegeben, die in Ergänzung zu den in Band 1 erlernten Vokabeln den systematischen Aufbau eines Grundwortschatzes unterstützen. Eine alphabetische Liste aller Vokabeln aus Band 1 im Anhang soll es dem Benutzer ermöglichen, das Übungsbuch ohne weitere lexikalische Hilfsmittel zu benutzen. Bewährt hat sich zudem die Angabe von Übersetzungsvarianten im Lösungsteil in Verbindung mit ausführlichen Erläuterungen und Wortfeldangaben. Zur didaktischen Konzeption und Systematik verweisen wir auf die Einleitung zum ersten Band; um jedoch die Arbeit mit dem vorliegenden zweiten Teil allein zu ermöglichen, sind die Hinweise zur Benutzung an dieser Stelle nochmals abgedruckt:

HINWEISE ZUR BENUTZUNG

Vokabeln und Sätze

Jede Vokabel erscheint nur einmal, die Vokabellisten der Lektionen sind additiv; d.h. um erfolgreich weiterzuarbeiten, müssen die Vokabeln von Anfang an gelernt werden.

Bei den deutschen Sätzen stehen in runden Klammern Übersetzungshilfen, in eckigen Klammern Wörter, die nicht übersetzt werden müssen.

Lösungen

Bei den Übersetzungen sind Varianten in einem Kasten übereinandergestellt. Die nächstliegende Wendung steht meist an oberster Stelle. Weniger gebräuchliche Ausdrücke und Wörter, die weggelassen werden können, stehen in runden Klammern.

☐ Kasten: Die innerhalb eines Kastens stehenden Lösungen sind frei austauschbar.

☐ Geteilter Kasten: Die Lösungen schließen sich aus; wenn im Verlauf des Satzes weitere Alternativen auftreten, die mit der ersten verkoppelt sind, stehen auch diese in einem geteilten Kasten.

Beispiel (I Satz 2):

Platon sagt, dass Perikles die Athener nicht besser gemacht hat.

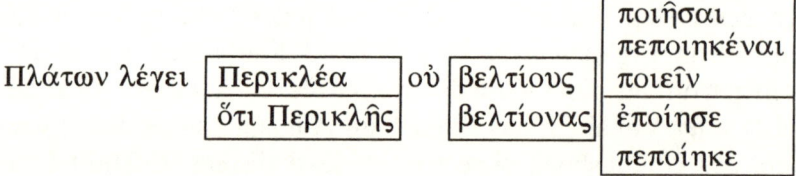

τοὺς Ἀθηναίους.

> Inhalt: Der Satz bezieht sich auf Platon, *Gorgias* 515e.
> Erinnerung: Eigennamen i.d.R. ohne Artikel (s. Bd. 1,86).
> λέγει: In Bezug auf einen literarischen Text wird das Präsens gebraucht (als ob der Autor gegenwärtig wäre), selten das Perfekt (εἴρηκε, ἱστόρηκε). – Beim Zitieren vermeidet man das Verb γράφειν „schreiben" (fiktive Mündlichkeit).
> Zum Aspekt: ποιῆσαι: das Ergebnis vom Wirken des Perikles; πεποιηκέναι: der Zustand nach P.; ποιεῖν: vom Verlauf seines Wirkens (etwa mit dem Gedanken: obwohl er immer wieder Gelegenheit hatte, moralisch zu wirken); Vorzeitigkeit wird in der griechischen Grammatik nicht berücksichtigt.

Die Erläuterungen nehmen ein deutsches oder griechisches Stichwort des entsprechenden Satzes auf oder beziehen sich auf die Konstruktion; dazu kommen Anmerkungen zu den Verbalaspekten und zum Inhalt.

Auf Fehler, die erfahrungsgemäß von Anfängern häufig gemacht werden, wird unter dem Stichwort „Erinnerung" wiederholt hingewiesen.

Grammatikverweise stehen in eckigen Klammern; Erläuterungen, die bereits an anderer Stelle gegeben wurden, sowie weitere Beispiele für das besprochene Phänomen sind durch Querverweise angezeigt.

Der Anhang dieses Buches enthält drei Zusammenstellungen zu wichtigen Besonderheiten der griechischen Sprache: zu den *Aspekten*, den *Satzverbindungen in der griechischen Prosa* sowie zu den *Tropen und Figuren*. Letzterer dürfte nicht nur für Gräzisten, sondern auch für Latinisten und Studierende der neueren Literaturen von Nutzen sein, zumal in der Übersicht die Beispiele mit Rücksicht auf eine breitere Leserschaft vorwiegend aus der deutschen und lateinischen Literatur entnommen sind.

Als Referenzgrammatiken fungieren wie im ersten Band die Grammatiken von Bornemann-Risch, Zinsmeister-Färber und Lindemann-Färber, die unter folgenden Abkürzungen zitiert werden:

BR = Eduard Bornemann, Ernst Risch, *Griechische Grammatik*, 2. Auflage, Frankfurt am Main 1978.

ZF = Hans Zinsmeister, *Griechische Grammatik, I. Teil, Laut-und Formenlehre*, herausgegeben von Hans Färber, München 1954 (= Hans Zinsmeister, *Griechische Laut- und Formenlehre*, Heidelberg 1990).

LF = Hans Lindemann, Hans Färber, *Griechische Grammatik, Teil II, Satzlehre, Dialektgrammatik und Metrik*, München 1957 (unveränderter Nachdruck: Heidelberg 2003).

* * *

Das Umschlagbild dieses Übungsbuches zeigt die Arbeit eines Schülers aus dem Grammatikunterricht des 2. oder 3. Jahrhunderts n.Chr. Es handelt sich um eine Prosaparaphrase der *Ilias*-Verse 4.349-363, die auf einem Holztäfelchen erhalten ist, das heute im *Ashmolean Museum Oxford* aufbewahrt wird (Bodl. Greek Inscription n. 3017 *recto*; *verso* ist die Prosaparaphrase der Verse aus der *Ilias* 4.364-373 erhalten).[1] Soweit wir wissen, mußten die Schüler im Umgang mit der archaischen Dichtung Homers in einem ersten Schritt Passagen aus der *Ilias* oder *Odyssee* abschreiben, dann folgten Leseübungen und Zusammenfassungen bzw. Übertragungen in einen ‚modernen' Prosastil (παράφρασις).

Der Text lautet wie folgt:

---

[1] Der Text ist abgedruckt bei M. Hombert u. C. Préaux, „Une Tablette homérique de la Bibliothèque Bodléenne", in: *Annuaire de l'Institut de Philologie et d'Histoire Orientales et Slaves* 11, 1951, 161-168. Eine kurze Einordung des Textes in den kaiserzeitlichen Schulunterricht gibt M. Hamdi Ibrahim, „The Study of Homer in Graeco-Roman Education", in: *Athena* 76, 1976, 187-195.

Πρὸς τοῦτον δὲ ὑποδρὰξ ἰδὼν εἶπεν ὁ πολύβουλος Ὀδυσσεύς·
Ὦ Ἀτρέως παῖ, ποταπὸς λόγος ἔφυγεν τὸ περίφραγμα τῶν ὀδόντων; (350)
πῶς δὴ λέγεις τοῦ πολέμου ἀμελεῖν, ὁπάταν οἱ Ἕλληνες
ἐπὶ τοῖς ἱππικοῖς Τρωσὶ συναθροίζωμεν τὸν ταχὺν πόλεμον;
ὄψει, ἐὰν ἐθέλῃς καὶ ἄν σοι δι᾽ ἐπιμελείας ᾖ,
τοῦ Τηλεμάχου τὸν προσφιλέστατον πατέρα ἐν τοῖς πρωταγωνισταῖς συνμιγέντα
τῶν ἱππικῶν Τρώων· σὺ δὲ ταῦτα μάταια λέγεις. (355)
Πρὸς τοῦτον δὲ γελάσας εἶπεν ὁ κρατῶν Ἀγαμέμνων,
ὡς ἔγνω ὀργιζομένου· πάλιν δὲ οὗτος ἀνέλαβεν τὸν λόγον·
Ὦ εὐγενέστατε Λαέρτου παῖ, πολύβουλε Ὀδυσσεῦ,
οὔτε σε λοιδορῶ ὑπερβαλλόντων οὔτε κελεύω·
οἶδα γὰρ ὥσπερ σοι ἡ ψυχὴ ἐν τοῖς προσφιλεστάτοις στήθεσσι (360)
πραέα βουλεύματα οἶδε· ταῦτα γὰρ φρονεῖς ἅπερ καὶ ἐγώ·
ἀλλὰ πορεύου, ταῦτα δὲ μετὰ ταῦτα ἀρεστὰ ποιησόμεθα, εἴ τι κακὸν νῦν
εἴρηται, ταῦτα πάντα οἱ θεοὶ μάταια ποιήσαιεν.

Grammatische und stilistische Bemerkungen zur Technik der Homer-Paraphrase

1. Ersetzung archaischer und poetischer Ausdrücke (einzelne Beispiele)

φημί → λέγω (349, 351, 356)
Ἀτρείδης → Ἀτρέως παῖ (350, vgl. 358): anstelle des Patronymikons ist die übliche attische Anredeform gewählt
Ποῖον ... ἔπος → ποταπὸς λόγος (350): Obwohl ποῖος weder veraltet noch poetisch ist, setzt der Bearbeiter ποταπός (Variante von ποδαπός) dafür, klassische Bedeutung „woher stammend", seit dem Hellenismus auch „wie beschaffen".
Ἄρηα → τὸν πόλεμον (352): die Metonymie ist aufgelöst (s. Anhang III 1.2.1)
ὀξύν → ταχύν (352): hier liegt eine Deutung des festen Epithetons des Ares vor, das der Bearbeiter allerdings wohl kaum richtig verstanden hat
πρόμαχος → πρωταγωνιστής (354)

2. Dialektformen durch attische Formen ersetzt (einzelne Beispiele)

ὑπόδρα → ὑποδρὰξ (349): die homerische Form ist durch eine modernere ersetzt, die allerdings auch poetisch ist (Belege bei alexandrinischen Dichtern)
φύγεν → ἔφυγεν (350): bei Homer fehlt das Augment

στήθεσσι (360): hier ist das homerische -σσ- (äolischer Dialekt) beibehalten (attisch -σ-); auch der poetische Pluralgebrauch ist nicht verändert. In attischer Prosa müsste es heißen ἐν στήθει.

3. Wandlung des Wortgebrauchs berücksichtigt

τόν, τά → τοῦτον, ταῦτα (349, 356, 361, 363): ὁ, ἡ, τό als Demonstrativ ist homerisch üblich, aber nach-homerisch nicht mehr gebräuchlich

φίλος → προσφιλέστατος (354, 360): φίλος ist als Attribut nicht mehr gebräuchlich; der homerische Gebrauch von φίλος anstelle eines Possessivpronomens wird vom Bearbeiter nicht richtig erfasst.

4. Syntax

Der Artikel wird häufig ergänzt (manchmal überflüssig); in der Sprache Homers ist er noch nicht entwickelt.

ὁππότ' ἐγείρομεν → ὁπόταν συναθροίζωμεν (351f.): Der Bearbeiter las wohl ἀγείρομεν statt ἐγείρομεν. Er hat den kurzvokalischen Konjunktiv erkannt (prospektiv) und das im Attischen gebräuchliche ἄν ergänzt, das bei Homer noch nicht obligatorisch ist. Die homerische Verbform ist allerdings als Konjunktiv Aorist, nicht Präsens aufzufassen.

γνῶ χωομένοιο → ἔγνω ὀργιζομένου (357): Der Genetiv ist beibehalten, obwohl im Attischen ἔγνω (αὐτὸν) ὀργιζόμενον normal wäre. Auch sonst ist die Kasussyntax nicht konsequent an den attischen Sprachgebrauch angepasst.

I Aspekte und Tempora

Bornemann-Risch § 206-220; Lindemann-Färber § 115-120
➤ Anhang I: Die Aspekte

A Vokabeln

befreien	ἀπαλλάττω	lärmen	θορυβέω
belagern	πολιορκέω	mächtig	δυνατός,-ή,-όν
bereits, schon	ἤδη	nicht dürfen	οὐ (μὴ) δεῖν (+ Inf.)
berichten	διηγέομαι; ἱστορέω	Reich, Königreich	ἡ βασιλεία
Bewohner	οἱ ἐνοικοῦντες	s. aufhalten	διατρίβω
daher, deshalb	διό	s. (aus)rüsten	παρασκευάζομαι
dreißig	τριάκοντα	stürzen (tr.)	καθαιρέω
durchströmen	διαρρέω	verraten	προδίδωμι
einnehmen, erobern	αἱρέω; (κατα)λαμβάνω	versammelt	ἀθρόος,-ον
emporheben	(ἐπ)αίρω	versuchen	πειράομαι
früher Morgen	ὄρθρος βαθύς	verwesen, verfaulen	(κατα)σήπομαι
frühstücken	ἀκράτισμα ποιέομαι	vollkommen	τελέως (Adv.)
Gegenteil	τὸ ἐναντίον	während	ἐν ᾧ
Geschrei	ἡ κραυγή	Wäsche waschen	τὰ ἱμάτια πλύνω
glücklich preisen	μακαρίζω		
hinterlassen	καταλείπω	zusammenlaufen	συντρέχω
kommen lassen	μεταπέμπομαι		

B Übungssätze

1. Sollen wir sprechen oder schweigen? Wer den Mörder des Kaufmanns kennt, darf nicht schweigen (Imperativ)!

2. Platon sagt, dass Perikles die Athener nicht besser gemacht hat.

3. Der Herold befahl dem versammelten Volk, Ruhe zu geben (= zu schweigen).

I Aspekte und Tempora

4. Diejenigen, die die Stadt den Feinden ausliefern (= verraten) wollten, konnten die, die das Gegenteil vertraten (= sagten/taten), nicht überzeugen. Daher belagerte der feindliche Feldherr die Stadt lange Zeit, aber er konnte sie nicht einnehmen.

5. Ein Fluß durchströmte die Stadt, und die Bewohner pflegten darin ihre Wäsche zu waschen.

6. Ein einziger Tag stürzt den einen und hebt den anderen empor.

7. Der Leib des Menschen verwest nach seinem Tode.

8. Kyros herrschte dreißig Jahre lang als König. Er hinterließ seinem Sohn das Reich groß und mächtig. Von seinem Tod berichtet Xenophon in der Kyrupädie [8.7.5ff.] ungefähr folgendes: Als Kyros im Sterben lag, ließ er seine Söhne und Freunde kommen und sprach zu ihnen etwa dieses: „Liebe Kinder und Freunde, das Ende meines Lebens ist jetzt gekommen und mein Tod steht nahe bevor (mit μέλλειν übersetzen). Als ich jung war, glaubte ich, als König über die Perser und Sieger über so viele Völker vollkommen glücklich zu sein. Aber Kroisos, der König von Lydien, hat mich belehrt, daß man niemand vor seinem Lebensende glücklich preisen darf, und deshalb begleitete mich immer die Furcht, daß (μή + Konj. oder Opt.) ich in meinem Leben etwas Übles erleben (= sehen) oder erleiden würde. Von dieser Furcht bin ich jetzt befreit, und ich kann wahrhaft glücklich sterben."

9. Es war frühmorgens, und die Soldaten exerzierten (= übten) vor den Toren der Stadt, nachdem sie gefrühstückt hatten. Da kam ein Herold, der früher zu den Feinden geschickt worden war. Alle liefen mit Geschrei um ihn zusammen, und er sagte etwa folgendes: „Lärmt nicht, ihr Männer, und hört meine Botschaft. Die Feinde fangen nicht etwa an zu rüsten, sondern sie sind schon gerüstet und glauben, daß sie bereits Sieger sind. Während ich mich bei ihnen aufhielt, versuchten sie wiederholt (= oft), mich zu überzeugen, daß wir keine Hoffnung hätten zu entkommen. Aber ich ließ mich nicht überreden."

II Genera Verbi (Diathesen)

Bornemann-Risch § 203-205; 116-117; Lindemann-Färber § 107-114

II 1 Passiv
Bornemann-Risch § 205; Lindemann-Färber § 111-114

A Vokabeln

allzu	ἄγαν	Scherben-	
Angehörige	οἱ συγγενεῖς,-ῶν	gericht	ὁ ὀστρακισμός
angeklagt		Schwein	ὁ/ἡ σῦς, συός
werden	φεύγω	Siegeslied	τὸ ἐπινίκιον
ausschlagen	ἐκκόπτω	so dass	ὥστε
Buch	τὸ βιβλίον	verbannen	ἐκβάλλω
essen	δειπνέω	verbannt	
hinken	χωλεύω	werden	φεύγω
Kirke	Κίρκη	verstümmeln	πηρόω
Kunst	ἡ τέχνη	verwandeln	μεταβάλλω
links	ἀριστερός,-ά,-όν	verwunden	τιτρώσκω (Aor.
Lykurg	Λυκοῦργος		pass. ἐτρώθην)
misstrauen	ἀπιστέω	widerlegen	ἐλέγχω
rechts	δεξιός,-ά,-όν	Zauberin	ἡ φαρμακίς,-ίδος
s. erbieten	ἐπαγγέλλομαι		

B Übungssätze

1. Xenophon schreibt ein Buch. – Ein Buch wird von Xenophon geschrieben. – Dieses Buch ist von Xenophon geschrieben.

2. Dem alten Soldaten wurde im Laufe der Zeit das rechte Auge ausgeschlagen, die linke Hand verstümmelt und der linke Oberschenkel durch einen Pfeil verwundet, so daß er sein ganzes Leben lang hinkte.

3. Die spartanischen Gesetze (= die Gesetze der Spartaner) sind von Lykurg gegeben.

4. Als der Sophist in die Stadt kam, erbot er sich, die jungen Leute jede Kunst zu lehren, die sie nur wollten. Nachdem ihn jedoch Sokrates widerlegt hatte, wurde ihm von allen mißtraut.

5. Der Mörder (Partizip) soll von den Angehörigen des Ermordeten angeklagt werden (Imperativ)!

6. Nach dem Wettkampf wurden die Sieger geehrt; es wurde gegessen und es wurden Siegeslieder gesungen.

7. Die Zauberin Kirke tötete die Gefährten des Odysseus nicht, sondern verwandelte sie in Schweine. – Die Gefährten des Odysseus wurden von der Zauberin Kirke nicht getötet, sondern in Schweine verwandelt.

8. Die Athener verbannten durch das Scherbengericht solche Bürger, die allzu einflußreich (= mächtig) wurden. – Allzu einflußreiche Bürger wurden von den Athenern häufig durch das Scherbengericht verbannt.

II 2 Medium
       Bornemann-Risch § 204; Lindemann-Färber § 109-110

A   Vokabeln

Anführer	ὁ ἡγεμών,-όνος	Seeräuber	ὁ λῃστής,-οῦ
Apollon	Ἀπόλλων,-ωνος	s. ein Orakel	
Areopag	ὁ Ἄρειος πάγος	geben lassen	
baden	λούομαι	(von)	χρήομαι (+ Dat.)
darlegen	ἀποφαίνω	s. verteidigen	
Didyma	τὰ Δίδυμα	(m. Worten)	ἀπολογέομαι
Einheimische	οἱ ἐγχώριοι	s. zuwenden	τρέπομαι
in Schwierig-		treten	ἵσταμαι (Med.)
keiten sein	ἀπορέω	um Rat fragen	συμβουλεύομαι
Minos	Μίνως,-ωος und -ω		(Med.) τινί
pflegen, ge-		verhandeln	πράττω
wohnt sein	εἴωθα (Perf.)	vielberedet	θρυλούμενος
Ratsmitglied		weissagen	χράω
sein	βουλεύω	Wirtschafts-	ὁ ἐπιστήμων τῆς
Redefreiheit	παρρησία	fachmann	οἰκονομικῆς

B Übungssätze

1. Laßt uns neue Anführer wählen, die mit den Führern der Einheimischen verhandeln sollen (= werden)!

2. Die Soldaten badeten im Fluß; dann wandten sie sich dem Abendessen zu und kosteten von dem guten Wein des Landes.

3. Der des Mordes Angeklagte trat vor den Areopag (= den Rat auf dem Areopag), um sich zu verteidigen. Er begann seine Rede folgendermaßen ...

4. Der König Minos brachte die Seeräuber dazu, mit der Belästigung der Schiffe aufzuhören. – Die Seeräuber hörten damit auf, die Schiffe zu belästigen.

5. Nach der Schlacht schlossen die Gegner Frieden. Viele führende Männer (= Führende) hielten Reden.

6. Jeder von uns muß sich politisch betätigen; wir z.B. sind Mitglieder des Rates. Heute werden wir über wichtige (= große, auch im Superlativ) Dinge beraten. Einige Wirtschaftsfachleute haben uns schon gute Ratschläge gegeben, und wenn wir in Schwierigkeiten geraten, werden wir sie erneut um Rat fragen.

7. Wir pflegen jährlich eine Seereise nach Didyma zu machen, um uns von Apoll ein Orakel geben zu lassen.

8. In einer Demokratie ist es notwendig, dass jeder seine Meinung sagt (= darlegt); das ist die vielberedete Redefreiheit.

II 3 Medio-passive Verbalparadigmen
Bornemann-Risch § 116-117; Zinsmeister-Färber § 129-130;
Lindemann-Färber § 109

A Vokabeln

Abend	ἡ ἑσπέρα	mit Mühe	μόλις; χαλεπῶς
Ebene	τὸ πεδίον	Nachtigall	ἡ ἀηδών,-όνος
einlaufen, landen	κατάγομαι; ὁρμίζομαι (Med.)	niedertrampeln	καταπατέω
		rasen, eilen	φέρομαι (Pass.)
erstaunlich	θαυμαστός,-ή,-όν	rau, hart	τραχύς,-εῖα,-ύ
falsch, lügnerisch	ψευδής,-ές	Richter	ὁ δικαστής,-οῦ
		ruhig	ἥσυχος,-ον
geraten in	ἐμπίπτω (εἰς + Akk.)	s. hüten	εὐλαβέομαι
Geschwindigkeit	τὸ τάχος,-ους	träge	ἀργός,(ή),-όν
		umherirren	πλανάομαι
Gras	ἡ πόα	wachsen	αὐξάνομαι (Med.-Pass.)
klagen	ὀδύρομαι		
langsam	βραδύς,-εῖα,-ύ	Zeuge	ὁ/ἡ μάρτυς,-υρος
Milet	ἡ Μίλητος		

II 3 Genera Verbi (Diathesen): Medio-passive Verbalparadigmen

B Übungssätze

1. Nachdem Odysseus lange umhergeirrt war, geriet er in einen Sturm. Mit Mühe rettete er sich auf eine felsige (= rauhe) Insel.

2. Der Angeklagte hat gelogen und falsche Zeugen beigebracht, aber er konnte keinen von den Richtern täuschen.

3. Vorsicht (= hüte dich) vor diesem Elefanten! Jetzt ist er träge und ruhig, aber bald wird er sich in Bewegung setzen und alles niedertrampeln. Diese Tiere können ebenso schnell (= nicht langsamer) rennen wie Pferde. Als einst die Elefanten der Perser in einer Schlacht über den Lärm erschraken, rasten sie mit unglaublicher (= erstaunlicher) Geschwindigkeit über die Ebene.

4. Vier Tage nach der Abfahrt liefen wir in [den Hafen von] Milet ein.

5. Ich will dich nicht verletzen (= betrüben); allerdings bin ich darüber betrübt, daß du meinen Worten nicht Folge geleistet hast, und ich würde mich freuen (Opt. mit ἄν), wenn du dich in Zukunft mehr in acht nehmen würdest (Opt. ohne ἄν).

6. Nachdem der Regen aufgehört hatte, wurde die Sonne wieder sichtbar (= erschien). Die Vögel sangen, das Gras wuchs und am Abend konnte man die Klage (verbal übersetzen) der Nachtigall hören.

III Modi

Bornemann-Risch § 221-229; Lindemann-Färber § 121-135

A Vokabeln

Arzt	ὁ ἰατρός	Mittelalter	ὁ μέσος αἰών,-ῶνος
ausgehen	(θύραζε) ἔξειμι	Preuße	ὁ Πρῶσσος
behandeln	θεραπεύω	(richtiger)	
beinahe	μικροῦ, ὀλίγου (δεῖν)	Zeitpunkt	ὁ καιρός
		s. freuen	χαίρω
Boot	τὸ πλοῖον	Schuh	τὸ ὑπόδημα,-ατος
eintreten	εἴσειμι	schuldig	αἴτιος,-α,-ον
einwenden	ἀντιλέγω	sofort	αὐτίκα
Flotte	τὸ ναυτικόν	später	ὕστερον
gerecht	δίκαιος,-α,-ον	verpassen	ἁμαρτάνω
klopfen	κόπτω	Vertrag	ἡ συνθήκη
lieber	μᾶλλον	Wissen	ἡ ἐπιστήμη
Mantel	τὸ ἱμάτιον	zu Hause	οἴκοι (Adv.)

B Übungssätze

1. Wenn es nicht Winter wäre, könnten wir in diesem Fluß baden.

2. Wenn der Mann von meinen Schlägen sofort gestorben wäre, so wäre ich schuldig. In Wirklichkeit aber ist er viel später durch die falsche (= schlechte) Behandlung eines Arztes gestorben.

3. Agamemnon hätte nicht über die Inseln herrschen können, wenn er keine Flotte gehabt hätte.

4. Beinahe hätte ich den richtigen Zeitpunkt verpaßt.

5. Sollen wir zu Hause bleiben? Hätten wir zu Hause bleiben sollen? Wären wir doch zu Hause geblieben!

6. Ich will dir die Wahrheit sagen.

7. Der Fremde, der an die Tür geklopft hat, möge eintreten! Wir wollen ihn nach [altem] Brauch gastlich aufnehmen (= bewirten). Möge er an dem Fest in unserer Stadt Freude haben!

8. „Wenn es doch Nacht würde oder die Preußen (οἱ Πρῶσσοι) kämen!"

9. Es könnte jemand einwenden (= sagen), dies sei nicht die richtige Zeit zum Beraten. – Es hätte jemand einwenden können …

10. Diesen Fluß könnt ihr ohne Boote wohl nicht überqueren.

11. Gib mir bitte Mantel und Schuhe, ich will ausgehen!

12. Wenn ich einen Sohn hätte, wollte ich, daß er politisch aktiv wäre.

13. Wer das Gute tun soll (mit μέλλω übersetzen), muß es kennen. Daher muß die Tugend wohl eine Art Wissen sein.

14. Die Kriegführenden müßten jetzt endlich einen fairen (= gleichen und gerechten) Vertrag schließen. – Die Kriegführenden hätten schon von Anfang an einen fairen Vertrag schließen sollen.

15. Ich möchte lieber im Mittelalter leben als heute (= Ich hätte lieber … gewollt).

16. Ich möchte lieber eine Reise nach Athen als nach Rom machen.

IV Negationen

Bornemann-Risch § 250-252; Lindemann-Färber § 137

A Vokabeln

Deutsch	Griechisch	Deutsch	Griechisch
Anwesende	οἱ παρόντες,-όντων	klar, es ist	δῆλον ὅτι
aufstellen	τάττω	Lanze, Speer	τὸ δόρυ,-ατος
Bequemlichkeit	ἡ ῥαστώνη	mild, wohlwollend	ἐπιεικής,-ές
(be)säen	σπείρω	Mühen haben	πονέω
Beschluss	τὸ βούλευμα,-ατος	Richter	ὁ δικαστής,-οῦ
Besitz	τὰ χρήματα	s. verfehlen	ἁμαρτάνω
billigen, loben	ἐπαινέω	Schwierigkeiten bereiten	πράγματα παρέχω
Dieb	ὁ κλέπτης,-ου	Tiefe	τὸ βάθος,-ους
eindringen	εἰσέρχομαι	übelnehmen	μέμφομαι (+ Dat.)
Fortschritte machen	ἐπιδίδωμι	unfähig	ἀδύνατος,-ον
geeignet	ἐπιτήδειος,-α,-ον	Verabredungen	τὰ συγκείμενα
herausragen	ἐξέχω	verreist sein	ἀποδημέω
indessen	οὐ μὴν ἀλλά	völlig	τέλειος,-α,-ον

B Übungssätze

1. Diogenes Laertios überliefert (= berichtet) in den „Lebensbeschreibungen (= Leben) der Philosophen", daß Alexander der Große gesagt habe: „Wenn ich nicht Alexander wäre, möchte ich Diogenes sein."

2. Ich stelle in meinem Garten immer einen Wächter auf, der die Diebe nicht eindringen lassen soll.

IV Negationen

3. Wenn ich doch nie aus der Heimat auf Reisen gegangen wäre! Ich habe viele Mühen auf meinen Reisen (partizipial ausdrücken) gehabt und dabei kein Vermögen erworben und auch keine Fortschritte im Wissen gemacht.

4. Ein nicht gepflügter Acker ist nicht geeignet, besät zu werden.

5. Wenn jemand behauptet, er habe nie einen Fehler begangen, so lügt er.

6. Wen niemals im Leben ein Unglück getroffen hat, der kann auch die Freuden des Lebens nicht völlig genießen.

7. Manche Leute sind unfähig, einem Bittenden nicht zu gewähren, worum er bittet.

8. Ich fürchte, daß unser Beschluß von niemandem in irgendeinem anderen Staat gebilligt werden wird.

9. Obwohl du nicht zur rechten Zeit gekommen bist, werden die Anwesenden es dir wohl kaum übelnehmen. Indessen möchte ich, daß du in Zukunft nicht nur an deine Bequemlichkeit, sondern auch an unsere Verabredungen denkst. Denn jetzt ist es klar, daß du uns nichts als Schwierigkeiten bereitest, und das, ohne es überhaupt (= nicht einmal) zu merken.

10. Sage uns jetzt endlich die Wahrheit und verheimliche (= verbirg) den Richtern nichts von dem, was du getan hast; dann werden sie dich milde beurteilen.

11. Der Fluß war so tief (= so groß an Tiefe), daß nicht einmal die Lanzen der Soldaten herausragten, als sie die Tiefe prüften (= versuchten).

V   Infinitiv und AcI

Bornemann-Risch § 231-239; Lindemann-Färber § 143-150

A   Vokabeln

absichtlich	ἑκούσιος,-α,-ον; ἑκών,-οῦσα,-όν	Neuerungen einführen	νεωτερίζω
Alkibiades	Ἀλκιβιάδης,-ου	nun gut	εἶεν
anstelle	ἀντί (+ Gen.)	privat	ἴδιος,-α,-ον
Begierde	ἡ ἐπιθυμία	Protagoras	Πρωταγόρας,-ου
Beiname	ἡ προσηγορία	Ratschlag	ἡ συμβουλή
bemitleiden	ἐλεέω	Redegewalt	ἡ ἐν λόγοις δεινότης
Berater	ὁ σύμβουλος	Religionsfrevel	
bezeugen	μαρτυρέω	begehen	ἀσεβέω
blitzen	ἀστράπτω	s. irren	σφάλλομαι; ἁμαρτάνω
Bundesgenosse	ὁ σύμμαχος		
donnern	βροντάω	s. scheuen	ὀκνέω
fähig	δυνατός,-ή,-όν	schändlich	αἰσχρός,-ά,-όν
Gefahr laufen	κινδυνεύω	Schüler sein	συγγίγνομαι; σύνειμι
Geschäfte führen	διοικέω	trügerisch	σφαλερός,-ά,-όν
gestehen	συγχωρέω	Verfassung	ἡ πολιτεία
göttl. Wesen	τὸ δαιμόνιον	(ver)leihen	δανείζω
Kult	τὸ ἱερόν	Verrat	ἡ προδοσία
Kunst	ἡ τέχνη	versprechen	ὑπισχνέομαι
leichtsinnig sein	ῥᾳθυμέω	verzagen vor allem	ἀποδειλιάω μάλιστα (Adv.)
lernen	μανθάνω	Vormund	ὁ ἐπίτροπος
leugnen	ἀρνέομαι	Vorteil bringen	λυσιτελέω; συμφέρω

B Übungssätze

1. Ich gestehe, daß meine Berater sich geirrt haben. – Nun, mein Bester, es scheint mir, daß du einem anderen an deiner Stelle die Schuld geben willst. – Nun gut, meinetwegen (= wenn du willst) will ich zugeben, daß ich selber mich geirrt habe.

2. Es ist vorteilhaft für uns, arm zu sein, denn dann (= so) wird uns niemand beneiden, sondern eher bemitleiden.

3. Ich halte es für eine Schande, daß ich von euch in der Gefahr allein gelassen werde.

4. In Gefahren muß man mutig (= zuversichtlich) sein und nicht verzagen, aber wenn man in Sicherheit ist, darf man nicht leichtsinnig sein und seine Pflichten vernachlässigen.

5. Alkibiades soll (= man sagt) mit Perikles, der sein Vormund und politischer Führer Athens war, einmal ein Gespräch über die Gesetze geführt haben.

6. Manche Philosophen sagen, die Beherrschung der Begierden sei eine größere Tat als die Rettung des Vaterlandes.

7. Mir scheint, daß ich der einzige bin, der die Bedenklichkeit (= das Trügerische) des Ratschlages bemerkt hat, wir sollten denen Vertrauen schenken, die versprechen, uns reich zu machen, und denen mißtrauen, die darauf drängen, kein Geld an Geschäftsleute (= Händler) zu verleihen, die sich nicht scheuen, große Risiken (= Gefahren) einzugehen.

8. Perikles scheint den Beinamen „Olympier" vor allem wegen seiner Redegewalt erhalten zu haben, und in der alten Komödie hieß es, er donnere und blitze, wenn er eine Rede halte.

9. Verrat nennen wir es, wenn (subst. Inf.) ein Freund oder Bundesgenosse seinem Freund oder Bundesgenossen absichtlich schadet.

10. Die jungen Leute, die Schüler des Protagoras waren, lernten in politischen Dingen zu reden und zu handeln, und er machte sie hervorragend (mit Superlativ ausdrücken) fähig, sowohl ihre privaten Geschäfte als auch die Staatsgeschäfte zu führen. Sokrates dagegen stellte die Behauptung auf, diese Kunst sei nicht lehrbar, und forderte Protagoras auf, wenn er beweisen könne, daß sie lehrbar sei, dies zu tun.

11. Der Ankläger wirft mir vor, ich beginge einen Religionsfrevel, indem ich die Götter, welche die Stadt verehrt, nicht verehre, sondern andere neue göttliche Wesen einführe; denn das Gesetz verbiete es, Neuerungen bezüglich der Kulte der Stadt einzuführen. Ich dagegen bestreite, daß ich jemals etwas Derartiges selbst getan oder einen anderen dazu angestiftet (= anraten) habe, und viele werden mir bezeugen, daß ich stets zu den traditionellen (= väterlichen) Göttern bete und ihnen opfere.

VI Partizip

Bornemann-Risch § 240-248, Lindemann-Färber § 151-158

A Vokabeln

anstellen, aufstellen	τάττω	rauben	ἁρπάζω
Erfolg haben	διαπράττομαι; ἀνύω od. ἀνύτω	Rhodier	ὁ Ῥόδιος
		Rhodos	ἡ Ῥόδος
		s. enthalten	ἀπέχομαι
Freiheit	ἡ ἐλευθερία	täuschen	ἀπατάω
herausgeben	ἐκδίδωμι	Übles (an)tun	κακῶς ποιέω (τινά)
Kimon	Κίμων,-ωνος	vorgeben	προσποιέω
loben	ἐπαινέω	zeigen	δείκνυμι

B Übungssätze

1. Es ist evident (klar, offenbar), daß der Mensch sich fremden Eigentums nicht enthält, wenn er nicht von anderen [daran] gehindert wird.

2. Zeige, daß du eine Kunst verstehst, dann wirst du auch Anerkennung finden (= gelobt werden).

3. Der Sportler aus Korinth freute sich, den Olympischen Sieg errungen zu haben. Ich aber bin betrübt, daß die Sportler unserer Stadt in Olympia nicht gesiegt haben.

4. Wenn wir auch unsere Sünden (verbal übersetzen) vor den Menschen verbergen können, werden sie doch von Gott nicht unbemerkt bleiben.

VI Partizip

5. Du hast uns als erster Übles getan (mit „anfangen" übersetzen), und wir haben uns dann gerächt.

6. Da ich gerade erst anfange, die griechische Sprache zu lernen, verstehe ich nicht alles, was du sagst.

7. Als die Athener bei Verhandlungen mit den Meliern keinen Erfolg hatten, fingen sie an, die Stadt zu belagern.

8. Dem äußeren Eindruck nach (= scheinbar) beratschlagt der Feind noch, ob er uns angreifen soll, aber ich weiß [genau], daß er uns täuschen will.

9. Wir werden mit der Belagerung der Stadt nicht aufhören, ehe ihr die Frau unseres Königs herausgebt, die ihr geraubt habt.

10. Alexander erkannte, daß er den Fluß nicht überschreiten konnte. – Alexander erkannte, daß der Fluß nicht zu überschreiten war.

11. Ich habe selbst gehört, wie Demosthenes über die Freiheit von Rhodos eine Rede hielt.

12. Wir alle wissen, daß Sokrates vorzugeben pflegte, nichts zu wissen, außer (= wenn nicht) eben diesem, daß er nichts wisse.

13. Kimon stellte in seinen Gärten keinen Wächter für die Früchte an, so daß jeder von den Bürgern, der Lust hatte (= wollte), sich [davon] nehmen konnte, wenn er gerade (= zufällig) etwas nötig hatte.

VII Fragesätze (direkt und indirekt)

Bornemann-Risch § 266 und 272; Lindemann-Färber § 136

A Vokabeln

aufregen	θορυβέω	gastfreundlich	φιλόξενος,-ον
ausbrechen (Krieg)	γίγνομαι	helfen	βοηθέω
		Kargheit	ἡ σπάνις,-εως
bereit, gerüstet	ἕτοῖμος,(-η),-ον (und ἕτοιμος)	nachgeben	ἐνδίδωμι
		schreien	βοάω
Dummheit	ἡ μωρία	Solon	Σόλων,-ωνος
einschlagen (Weg)	τρέπομαι (ὁδόν)	streiten	ἐρίζω
		(Um-)Trunk	ὁ πότος,-ου
ertragen, aushalten	φέρω; ἀνέχομαι	ungastlich	ἄξενος,-ον
		verleumden	διαβάλλω
freiwillig	ἑκών,-οῦσα,-όν	Weggabelung	ἡ τρίοδος,-ου

B Übungssätze

1. In welcher Stadt sind wir? Wie groß ist sie? Wieviele Bewohner hat sie, und wie sind diese: gastfreundlich oder ungastlich? Wer wird uns beherbergen (= bewirten)?

2. Sage mir, in welcher Stadt wir sind. (u.s.w. wie Satz 1)

3. Ich fragte, in welcher Stadt wir seien. (u.s.w. wie Satz 1)

4. Was hast du getan, daß du solchen Verleumdungen ausgesetzt bist? (Unterordnungsverhältnis umkehren!)

5. Wenn ein Schwacher mit einem Stärkeren streitet und der Stärkere ist offenbar im Unrecht, wem wirst du dann helfen?

6. Woher kommst du, und warum bist du [so] aufgeregt? Wie lange wirst du hier bleiben?

7. Bist du bereit, alle Strapazen (= Mühen) der Reise zu ertragen?

8. Ist etwa (der) Krieg ausgebrochen, oder warum schreien die Leute so?

9. Erschreckt fragten die Frauen, ob etwa ein Krieg ausgebrochen sei.

10. Ist das nicht Sokrates, der dort mit den jungen Leuten spricht?

11. Der Fremde erkundigte sich, ob es nicht Sokrates sei, der dort mit den jungen Leuten spreche.

12. Hast du schon vom Tode meines Bruders erfahren, oder weißt du noch nichts [davon]?

13. Ich weiß nicht, ob mein Bruder [noch] lebt oder nicht.

14. Nachdem wir jetzt an eine Weggabelung gekommen sind, welchen Weg sollen wir [da] einschlagen?

15. Hätten wir freiwillig nachgeben sollen?

16. Solon wurde bei einem Umtrunk gefragt, ob er aus Wortkargheit schweige oder aus Dummheit. Da sagte er: „Welcher Dummkopf würde bei einem Umtrunk schweigen können?"

VIII Abhängige Aussagesätze

Bornemann-Risch § 269; Lindemann-Färber § 162

A Vokabeln

anfangs	κατ' ἀρχήν	Quadrat	τὸ τετράγωνον
ärgerlich sein	ἄχθομαι	sehr	μάλα (Adv.)
Diagonale	ἡ διάμετρος	Söldner	ὁ μισθοφόρος
in der Nähe	πλησίον (Adv.)	Sostratos	Σώστρατος
Kilikien	ἡ Κιλικία	Verdacht	
Kilikier	ὁ Κίλιξ,-ικος	haben	ὑποπτεύω
klar (Adv.)	σαφῶς (Adv.)	den Weg zei-	
Kleitos	Κλεῖτος	gen	ἡγέομαι (τινί)
Kriegszug	ἡ στρατεία	Xanthippos	Ξάνθιππος
Protagoras	Πρωταγόρας,-ου		

VIII Abhängige Aussagesätze   33

B Übungssätze

1. Die Söldner glaubten, daß der Kriegszug gegen die Kilikier gehe (= sei). Aber als sie in Kilikien angekommen waren, ließ Kyros die Feldherren zu sich kommen und sagte, daß der Zug gegen den Großkönig gehen solle (= werde).

2. Kleitos hat den Verdacht, ich sei sein Feind; aber er irrt sich.

3. Als Protagoras fragte, wer ihm wohl das Haus des Sostratos zeigen könne, sagte ein Junge, der zufällig in der Nähe war, er sei der Sohn des Sostratos und heiße Xanthippos und wolle (= werde) ihn zum Haus seines Vaters begleiten (= folgen).

4. Der Junge war natürlich (= es ist klar, daß) sehr stolz, daß er dem berühmten Mann den Weg zeigen konnte.

5. Pythagoras hat klar bewiesen und jedes Kind weiß es (= nicht einmal ein Kind weiß es nicht), daß das Quadrat über (ἀπό + Gen.) der Diagonale eines Quadrats doppelt so groß ist wie das ursprüngliche (= anfängliche) Quadrat.

6. Wundert euch nicht, daß ich schweige, denn ich bin sehr ärgerlich darüber, daß ihr meinem Vorschlag nicht folgen (= gehorchen) wollt.

IX Final- und Befürchtungssätze

Bornemann-Risch § 270, 271, 276; Lindemann-Färber § 163, 167

A Vokabeln

Beschluß	τὸ ψήφισμα,-ατος	schwächen,	
Bündnis schließen	σπένδομαι; σπονδὰς ποιέομαι	vermindern sorgen für	ἐλαττόω ἐπιμελέομαι
Erfahrung	ἡ ἐμπειρία	trojanisch	Τρωϊκός,-ή,-όν
erleichtern	κουφίζω	überstehen	σῴζεσθαι
essen	ἐσθίω		(διά + Gen.)
Frost	τὸ κρύος,-ους	Übervölkerung	ἡ πολυπλήθεια ἀνθρώπων
geeignet	ἱκανός,-ή,-όν		
gelegen sein an etw.	μέλει μοί τινος	umstoßen unbeschädigt	ἀναιρέω ἀβλαβής,-ές
Gemeinschaft	ἡ κοινωνία	unfreiwillig	ἄκων,-ουσα,-ον
Hellenen	οἱ Ἕλληνες,-ων	unvernünftig	ἄφρων,-ονος
zu Hilfe holen	ἐπικαλέομαι	Vorbereitungen treffen	παρασκευάζω
Lebensmittel	τὰ ἐπιτήδεια		
s. bemühen	σπουδάζω	Weinstock	ἡ ἄμπελος
s. sehnen nach	ποθέω	Winter	ὁ χειμών,-ῶνος

B Übungssätze

1. Wir leben nicht, um zu essen, sondern wir essen, um zu leben.

2. Zeus führte den trojanischen Krieg herbei (= machte), um die Erde von der Übervölkerung zu erleichtern.

3a. Ich fürchte, daß die politische Lage uns nötigen wird, mit den Barbaren ein Bündnis zu schließen; denn wir müssen uns mehr [davor] fürchten, die Macht unserer Stadt zu schwächen als die Gemeinschaft der Hellenen preiszugeben (= verraten).

3b. Ich fürchte, daß wir durch die gegenwärtige Lage gezwungen sind ...

IX Final- und Befürchtungssätze

4. Xenophon sorgte dafür, daß seine Soldaten von den Bewohnern des Landes Lebensmittel erhielten (= ἔχειν im ingressiven Aorist), sei es freiwillig oder unfreiwillig.

5. Ich werde einige ältere Freunde mit Erfahrung (= die Erfahrung haben) zu Hilfe holen; denn für dich ist diese Aufgabe (= Arbeit) vielleicht zu schwer.

6. Dieser Mann ist wohl kaum geeignet, den Staat in einer gefährlichen Situation zu führen.

7. Ich weiß, daß dieser Beschluß rechtmäßig (= gemäß den Gesetzen) zustandegekommen ist, und ich werde sicher nicht versuchen, ihn umzustoßen.

8. Ich fürchte, daß kein Weinstock den Frost dieses Winters unbeschädigt überstehen wird.

9. Wir wollen und sehnen uns danach und arbeiten dafür (= s. bemühen), daß möglichst schnell Friede geschlossen wird.

10. Wir machen Pläne und treffen Vorbereitungen dafür, daß möglichst bald Friede geschlossen wird.

11. Ich habe keine Bedenken (= scheue mich nicht), Menschen zu kritisieren, die ich für unvernünftig halte.

X Konsekutivsätze

Bornemann-Risch § 275; Lindemann-Färber § 166

A Vokabeln

Afrika	ἡ Λιβύη	Kühnheit	ἡ τόλμα;
Anbetung	ἡ θεραπεία		τὸ θράσος,-ους
durchglühen	διακαίω	Philotas	Φιλώτας,-ου
erhaben	μεγαλοπρεπής,-ές	schmeicheln	κολακεύω
gleichzeitig,		südlich	πρὸς μεσημβρίαν
zugleich	ἅμα (Adv.)	Triere	ἡ τριήρης,-ους
Kallias	Καλλίας,-ου	verteilen	διανέμω
Kimon	Κίμων,-ωνος		

X Konsekutivsätze

B Übungssätze

1. Philotas war so stolz, daß er immer offen seine Meinung sagte.

2. Philotas war zu stolz, als daß er Alexander geschmeichelt hätte.

3. Kallias hatte ein großes, prächtiges Haus, so daß er viele Gäste gleichzeitig beherbergen konnte.

4. Die Sophisten gingen in ihrer Kühnheit so weit, daß sie zu lehren versprachen, was ein Politiker tun müsse, um Erfolg zu haben.

5. Perikles und Kimon teilten sich die Macht im Staat in dem Sinne (= unter der Bedingung), daß der eine in der Stadt amtierte (= herrschte), der andere mit den Trieren nach Asien gegen den Feind fahren sollte.

6. Das südliche Afrika ist von der Sonne durchglüht; infolgedessen sind die meisten Bewohner schwarz.

7. Ich halte die Gottheit für zu erhaben, als daß sie meiner Anbetung bedürfte.

XI Kausalsätze

Bornemann-Risch § 274; Lindemann-Färber § 165

A Vokabeln

an vielen Orten	πολλαχοῦ (Adv.)	Lysippos	Λύσιππος
beschließen	ψηφίζομαι	stören, be-	ἐνοχλέω (mit
dieses/jenes	ἄλλοι ἄλλα	lästigen	Doppelaugment:
früher	πρότερον; τὸ πρίν		ἠνωχλ-)
Gastgeber	ὁ ξενοδόκος	Studien treiben	μελετάω
hauptsächlich	μάλιστα		

XI Kausalsätze

B Übungssätze

1. Da ihr mich früher öfters (= oft) gastlich aufgenommen habt, werde ich bestrebt sein, euch ebenfalls ein guter Gastgeber zu sein.

2. Ein kluger Mensch ist hauptsächlich aus dem Grunde gastfreundlich, weil es Vorteile bringt (= nützt), an vielen Orten auf der Erde Freunde zu haben.

3. Lysippos ist aus dem Haus gegangen aus Ärger (verbal übersetzen), weil wir ihn [angeblich] bei seinen Studien (verbal übersetzen) gestört haben.

4. Als Alexander den Dareios besiegt hatte, forderte er die Griechen auf, ihn mit Beschlüssen für einen Gott zu erklären (= abstimmen). Die einen beschlossen nun dieses, die anderen jenes; die Lakedaimonier aber folgendes: Weil denn Alexander nun einmal ein Gott sein will, so soll er ein Gott sein!

XII Konditional- und Konzessivsätze

Bornemann-Risch § 277-284; Lindemann-Färber § 168-171

A Vokabeln

bauen	οἰκοδομέω; κατασκευάζω	ruhmvoll	εὐκλεής,-ές; λαμπρός,-ά,-όν
Bedürfnis	ἡ χρεία	s. ergeben	παραδίδωμι ἐμαυτόν
denken	νοέω; διανοέομαι		
drei	τρεῖς, τρία	sammeln	ἀθροίζω
feiern	ἑορτάζω	schauen, betrachten	θεωρέω
genug/im Überfluß haben	εὐπορέω (+ Gen.)	schmausen	εὐωχέομαι
		siebte(r)	ἕβδομος,-η,-ον
glücklich preisen	εὐδαιμονίζω	unfähig	ἀδύνατος,-ον
Inseln der Seligen	μακάρων νῆσοι	unglücklich sein	ἀθυμέω
		Verleumdung	ἡ διαβολή
Isthmus (v. Korinth)	ὁ Ἰσθμός	versetzen	μετατίθημι
		wagen	τολμάω
jagen	θηρεύω	Widerstand leisten	ἀντέχω; ἐναντιόομαι
kaufen	ὠνέομαι (Aor. ἐπριάμην)	Wildschwein	ὗς (σῦς) ἄγριος

B Übungssätze

1. Solon pries einen Menschen nur in dem Fall (= nicht, wenn nicht ...) glücklich, wenn er sein ganzes Leben hindurch bis zum Tod glücklich gewesen war.

2. Wenn uns jemand fragte, was die Philosophie ist, was würden wir ihm dann sagen?

3. Hüte dich vor Verleumdungen, mögen sie auch offensichtlich unwahr sein!

4. Obschon der junge Mann Geld genug hatte, fühlte er sich nicht glücklich (= war unglücklich).

5. „Wenn die Athener," so schreibt Herodot im 7. Buch, „aus Furcht vor den Persern ihre Heimat verlassen hätten oder auch dageblieben wären und sich dem Großkönig ergeben hätten, dann hätte diesem niemand zur See Widerstand zu leisten gewagt. Zu Lande aber wäre folgendes geschehen: die Spartaner wären, wenn sie auch eine Mauer quer durch den Isthmus (= durch die Mitte des I.) gebaut hätten, von ihren Bundesgenossen im Stich gelassen worden und wären nach tapferem Kampfe allesamt ruhmvoll gefallen. In Wirklichkeit aber würde man das Richtige treffen (= die Wahrheit nicht verfehlen), wenn man behauptete, daß die Athener die Retter Griechenlands gewesen sind, indem sie den Kampf wagten und die Kräfte des übrigen Griechenlands [um sich] sammelten."

6. Als ein spartanischer Knabe [als Sklave] verkauft werden sollte und jemand sagte: „Wirst du auch brauchbar sein, wenn ich dich kaufe?" antwortete jener: „Auch wenn du mich nicht kaufst."

7. Die Männer des Dorfes gingen manchmal auf die Wildschweinjagd, und wenn sie es erlegt hatten, schmauste und feierte das ganze Dorf drei Tage lang.

8. Wenn uns jemand im Geiste auf die Inseln der Seligen versetzte, so würde es dort keinerlei Bedürfnis nach irgendeinem Besitz geben, sondern es bliebe allein das Denken und Schauen, ein Leben, das man ein wahrhaft freies nennen kann. Wenn das wahr ist, wie sollte sich nicht ein jeder von uns mit Grund (= mit Recht) schämen, der, obwohl er die Möglichkeit hätte, auf den Inseln der Seligen zu wohnen, aus eigener Schuld dazu unfähig wäre?

XIII Temporalsätze

Bornemann-Risch § 286; Lindemann-Färber § 164

A Vokabeln

ablassen (von)	παύομαι (+ Gen.)	Erdbeben	ὁ σεισμός
abschliessen	ἀποκλείω	Euböa	ἡ Εὔβοια
Aristokraten	οἱ ὀλίγοι	säen	σπείρω
aufbrechen	ὁρμάω (oder -ομαι)	Tür	ἡ θύρα
dreimal	τρίς	zu Bett gehen	κατακλίνομαι (Aor. κατεκλίθην)

Subjunktionen und Konstruktionen der Temporalsätze

deutsch	als, wenn (gleich-zeitig)	als, nachdem (vorzeitig)	sobald	solange, bis	seit(dem)	während	bevor
Subjunktionen	ὅτε ὁπότε ἡνίκα auch εἰ, vor allem im Iterativ „sooft"	ἐπεί ἐπειδή ὡς ← εἰ (wie vorher)	← wie vorher + τάχιστα oder πρῶτον	ἕως μέχρι ἄχρι ἔστε	ἀφ' οὗ ἐξ οὗ	ἐν ᾧ	πρίν a) nach negiertem Hauptsatz („nicht bevor" = „erst als") b) nach positivem Hauptsatz
Tempora	alle Tempora, selten Aor.	meist Aor.	← wie vorher	„solange": alle Tempora, selten Aor. „bis": meist Aor.	alle Tempora	alle Tempora außer Aor.	meist Aor.
Modi, Infinitiv	1. Indikativ 2. „Prospektiv" (wenn Hauptsatz in Fut. oder Imp.): Konj. + ἄν (verschmolzen ὅταν, ὁπόταν, ἐπάν, ἐπειδάν) 3. „Iterativ der Gegenwart": Konj. + ἄν 4. „Iterativ der Vergangenheit": Opt. (ohne ἄν) Da in den Fällen 2, 3 und 4 die Konstruktion von Bedingungssätzen übernommen ist, wird als Verneinung μή gebraucht.						Im Fall a): ← wie vorher Im Fall b): Infinitiv (bzw. AcI)

XIII Temporalsätze

B Übungssätze

1a. Nachdem die Soldaten eine Mahlzeit eingenommen hatten, brachen sie auf.

1b. Sobald die Soldaten eine Mahlzeit eingenommen hatten, brachen sie auf.

1c. Nachdem die Soldaten eine Mahlzeit eingenommen haben, werden sie aufbrechen.

2a. Solange Perikles jung war, bekämpfte er die Aristokraten.

2b. Perikles bekämpfte die Aristokraten, sooft sich eine Gelegenheit bot.

3. Während Perikles jung war, ereignete sich das große Erdbeben in Euböa.

4. Wartet, wo ihr seid, bis ich komme.

5. Wenn Perikles redete, konnte keiner seiner Überzeugungskraft widerstehen.

6. Der Bauer pflügt den Acker dreimal, bevor er das Getreide sät.

7. Der Bauer sät das Getreide erst, nachdem er den Acker dreimal gepflügt hat.

8. Geh nicht zu Bett, bevor du alle Türen abgeschlossen hast!

9. Achill ließ von seinem Zorn erst ab, nachdem Patroklos, sein Freund, von Hektor getötet worden war.

XIV Relativsätze

Bornemann-Risch § 157, 288-291; Lindemann-Färber § 172-173;
Zinsmeister-Färber § 99

A Vokabeln

Ansturm	ἡ ὁρμή	kostbar	πολυτελής,-ές
aufzählen	καταλέγω	Makedone	ὁ Μακεδών,-όνος
denken an	ἐννοέω	Masse	οἱ πολλοί;
Eid	ὁ ὅρκος		τὸ πλῆθος,-ους
Erfolg haben	εὖ πράττω;	Philipp	Φίλιππος
	κατορθόω	sammeln	συλλέγω
Festver-		Trinkgefäß	τὸ ἔκπωμα,-ατος
sammlung	ἡ πανηγυρίς,-ίδος	Waffen	τὰ ὅπλα
hineinlegen	εἰστίθημι	zahllos	παμπληθής,-ές

Relativpronomina (BR 71; ZF 103)
ὅς, ἥ, ὅ   der, welcher
ὅστις, ἥτις, ὅτι   (meist ὅ τι oder ὅ, τι geschrieben) wer auch immer, jeder, der
                                         (steht auch meist nach negiertem Hauptsatz)
ὅσος / ὅσοι   wie groß / wie viele (auch: alle, die)
οἷος   wie beschaffen

Relative Adverbien (BR 72; ZF 89)
ὡς wie   ᾗ insofern   οὗ wo   ὅθεν woher   οἷ wohin

Formelhafte Verbindungen
ἔστιν ὅστις (οὗ / ᾧ / ὅν)   manch einer
ἔστιν οἵ (ὧν / οἷς / οὕς)   manche
εἰσὶν οἵ (= ἔνιοι)   einige
οὐκ ⎫
οὐδεὶς ⎬ ἔστιν ὅστις   kein einziger
οὐκ ⎫
οὐδεὶς ⎬ ἔστιν ὅστις οὐ   ein jeder

Entsprechend werden auch relative Adverbien gebraucht:
ἔστιν ὅτε (= ἐνίοτε)   manchmal
ἔστιν οὗ   an manchen Orten (usw.)
οὐκ ἔστιν ὅπου   nirgends
οὐκ ἔστιν ὅπως   auf keine Weise, unmöglich
οὐκ ἔστιν ὅπως οὐ   notwendig, unbedingt (usw.)

XIV Relativsätze

B Übungssätze

1. Die Makedonen legten ihrem König Philipp, der ganz Griechenland unterworfen hatte, alles ins Grab, was ihm im Leben besonders lieb gewesen war: die Rüstung (= Waffen) und kostbare Trinkgefäße.

2. Bei den Wettspielen der Griechen kamen zahllose Menschen zusammen, deren Namen niemand aufzählen könnte; und manchen schien eine solche Festversammlung das Schönste zu sein, das sie im Leben erfahren (= gesehen) hatten.

3. Wer den Göttern nicht gehorcht, den erhören sie nicht.

4. Kyros hatte ein großes Heer gesammelt, mit dem er gegen seinen Bruder zu Felde ziehen wollte.

5. Manch einer dachte daran, daß ein Unglück, wie es diesem Mann zugestoßen war, auch ihm selber leicht hätte zustoßen können.

6. Wir werden kein Bündnis schließen mit denjenigen, die wir schon vorher als unzuverlässig erkannt haben.

7. Erinnert euch an den Eid, den ihr geleistet (= geschworen) habt!

8. Sokrates widerstand einem solchen Protest (= Ansturm) des Volkes, wie ihm meiner Meinung nach wohl kein anderer Mensch standgehalten hätte.

9. Tu, was dir richtig scheint, und nicht, was der Masse richtig scheint; dann wirst du Erfolg haben.

I Aspekte und Tempora

Bornemann-Risch § 206-220, Lindemann-Färber § 115-120

C Lösungen

1. Εἴπωμεν ἢ σιγῶμεν; – | Ὃς ἂν εἰδῇ | τὸν φονεύσαντα τὸν ἔμπορον |
   | Ὁ εἰδώς | τὸν φονέα τοῦ ἐμπόρου |

   μὴ σιγάτω.

   > Deliberative Fragen im Konjunktiv [BR 227.2b; LF 130.3].
   > „sprechen": das Wort ergreifen, ingressiver Aspekt; „schweigen": im Schweigen verharren, durativer Aspekt. Der Satz stammt aus Euripides, *Ion* 758.
   > Konjunktivischer Relativsatz, prospektiv: ἐάν τις + Konj. wird zu ὃς ἄν [BR 290.4].
   > Deutsche Verbalsubstantive werden häufig durch Partizipien wiedergegeben, wobei der Aspekt zu beachten ist:
   der Mörder: ὁ φονεύσας / ὁ φονεύς (effektiv)
   der Herrscher: ὁ ἄρχων (durativ)
   die Einwohner: οἱ ἐνοικοῦντες (durativ)
   Diese Partizipen behalten ihren Verbalcharakter und regieren denselben Kasus wie in den finiten Formen.
   > τὸν φονέα τοῦ ἐμπόρου: zur Wortstellung s. Bd. 1,88 Satz 2b.

2. Πλάτων λέγει | Περικλέα | οὐ | βελτίους | ποιῆσαι |
ὅτι Περικλῆς		βελτίονας	πεποιηκέναι
			ποιεῖν
			ἐποίησε
			πεποίηκε

   τοὺς Ἀθηναίους.

   > Inhalt: Der Satz bezieht sich auf Platon, *Gorgias* 515e.
   > Erinnerung: Eigennamen i.d.R. ohne Artikel (s. Bd. 1,86 Satz 7).
   > λέγει: In Bezug auf einen literarischen Text wird das Präsens gebraucht (als ob der Autor gegenwärtig wäre), selten das Perfekt (εἴρηκε, ἱστόρηκε). – Beim Zitieren vermeidet man das Verb γράφειν „schreiben" (fiktive Mündlichkeit).
   > Zum Aspekt: ποιῆσαι: das Ergebnis von Perikles' Wirken; πεποιηκέναι: der Zustand nach P.; ποιεῖν: vom Verlauf seines Wirkens (etwa mit dem Gedanken: obwohl er immer wieder Gelegenheit hatte, moralisch zu wirken); Vorzeitigkeit wird in der griechischen Grammatik nicht berücksichtigt.

3. Ὁ κῆρυξ | ἐκέλευσε / ἐκέλευε | τὸν | συνειλεγμένον / ἀθρόον | δῆμον σιγῆσαι.

➢ Zu κελεύω + AcI s. Bd. 1,109 Satz 1.
➢ ἐκέλευε: Zu diesem Imperfekt s.u. zu Satz 8.

4. | Οἱ προδιδόντες / Οἱ προδοῦναι βουλόμενοι | τὴν πόλιν τοῖς πολεμίοις οὐκ ἔπεισαν

τοὺς τοὐναντίον | πράττοντας. / λέγοντας.

| διὰ (δὲ) ταῦτα / διὸ / ἐκ (δὲ) τούτων / ἐντεῦθεν | ὁ τῶν πολεμίων στρατηγὸς | πολὺν / μακρὸν / συχνὸν | χρόνον

| ἐπολιόρκει | τὴν πόλιν, ἀλλ' | οὐχ εἷλεν / οὐ (κατ)έλαβεν / ἔλαβε δ' οὔ. | (αὐτήν).

| πολιορκῶν | | οὐ (κατ)έλαβεν.

➢ προδιδόντες: Präsens in conativer Bedeutung.
➢ ἔπεισαν: Aorist in effektiver Bedeutung.
➢ „können": Im Deutschen werden oft Modalverben (können, dürfen, müssen) verwendet, wo das Griechische sich auf das Faktische beschränkt. „Ich muß zugeben, daß ich ratlos bin." Συγχωρῶ ὅτι ἀπορῶ.
➢ τοὐναντίον: Die Krasis [BR 26; ZF 197] tritt auch in der Prosa oft bei Artikeln, bei Pronomina sowie πρό und καί auf.
➢ ἐπολιόρκει: Imperfekt durativ, εἷλειν: Aorist effektiv. Der Kontrast der Aspekte ist ein beliebter stilistischer Effekt (s. Anhang I „Aspekte im Textzusammenhang").
➢ πολιορκῶν: Bei einer Umwandlung in ein Partizip bleibt der Aspekt erhalten, daher Präsens. Eine Vorzeitigkeit (wie im Lat. oder Dt.) braucht nicht ausgedrückt zu werden. Freilich wäre auch πολιορκήσας möglich, dieser Aorist wäre dann komplexiv zu verstehen (s. Anhang I).

5. Ποταμὸς διέρρει τὴν πόλιν, καὶ οἱ ἐνοικοῦντες ἐν αὐτῷ
   τὰ ἱμάτια ἔπλυνον.

   ➤ „Ein Fluß": unbestimmt, daher fehlt der Artikel [LF 21]. Der Zusatz von τις würde darauf aufmerksam machen, daß der Name fehlt (s. Bd. 1,91 Satz 2); in Verbindung mit personalen Bezeichnungen wie ἀνήρ kann τις den Aspekt der Beliebigkeit unterstreichen: ἀνήρ τις „ein x-beliebiger Mann".
   ➤ „Wäsche, Kleidung": • ἡ ἐσθής umfassend: die Gesamtheit der Kleidung
   • τὸ ἱμάτιον Oberkleid, Mantel, τὰ ἱμάτια allg.: Kleidungsstücke (Wortfeld „Kleidungsstücke" s.u. III Satz 11)
   ➤ „waschen": • λούω vom Körper (λούομαι „sich waschen" oder „baden")
   • νίζω (später νίπτω) allgemeiner: Körperteile, Kleider, Geräte
   • ῥύπτω Körper, Kleider, mit Waschmitteln (ῥύμματα)
   • σμήχω Körperteile, mit Pflegemitteln (σμήγματα oder σμήματα), Salben
   • κλύζω mit reichlich Wasser, „spülen"
   • πλύνω von Textilien

6. Μία ἡμέρα τὸν μὲν | καθεῖλε, | τὸν δὲ | (ἐπ)ῆρε.
                     | καθαιρεῖ, | | (ἐπ)αίρει.

   ➤ Metonymie: „Ein einziger Tag" = „die Ereignisse eines einzigen Tages": vgl. Anhang III, 1.2.2.
   ➤ Erinnerung: „Ein einziger": nur Zahlwort (nicht μόνος), s. Bd. 1,101 Satz 8.
   ➤ Sprichwörter und Sentenzen können im gnomischen Aorist, aber auch im iterativen Präsens formuliert werden.
   ➤ „und": Da die beiden Sätze antithetisch sind, verbindet man sie durch μέν - δέ. Solche Antithesen sind im Griechischen sehr beliebt; sie sind besonders wirkungsvoll, wenn die Sätze syntaktisch parallel sind (s. Anhang II, 2a).
   ➤ Inhalt: Der Satz lehnt sich an Euripides *fr.* 420 an: καὶ μι' ἡμέρα τὰ μὲν καθεῖλεν ὑψόθεν, τὰ δ' ἦρ' ἄνω. Er erinnert auch daran, daß nach der Theorie des Aristoteles eine Tragödienhandlung in einem Tag zu Ende kommen soll (*Poetik* 1455b15ff.).

7. Τὸ σῶμα τοῦ ἀνθρώπου (κατα)σήπεται μετὰ τὸν θάνατον.

   ➤ τὸ σῶμα τοῦ ἀνθρώπου: Zur Wortstellung s. Bd. 1,88 und oben Satz 1.
   ➤ Erinnerung: „seinen Tod": possessives Verhältnis wird häufig allein durch den Artikel ausgedrückt, s. Bd. 1,66 Satz 5.
   ➤ σήπεται: Hier ist der gnomische Aorist nicht anzuwenden, weil es sich nicht um ein Sprichwort oder eine Sentenz handelt.

8. Κῦρος τριάκοντα ἔτη ἐβασίλευσε. κατέλιπε δὲ τοῖς υἱοῖς τὴν [βασίλειαν/ἀρχὴν] μεγάλην τε καὶ [δυνατήν./ἰσχυράν./ἐρρωμένην.] περὶ δὲ [τοῦ θανάτου/τῆς τελευτῆς] αὐτοῦ Ξενοφῶν ἐν τῇ Κύρου παιδείᾳ τοιάδε [ἱστορεῖ·/διηγεῖται·/λέγει·] Κῦρος ἐπεὶ ἀπέθνῃσκε, τοὺς υἱοὺς καὶ τοὺς φίλους [μετεπέμψατο/ἐκάλεσε] καὶ [ἔλεγε/εἶπε] πρὸς αὐτοὺς τοιάδε [Τέκνα ἐμὰ/Παῖδες ἐμοὶ] καὶ φίλοι, τελευτή μοι τοῦ βίου [ἤδη νῦν] [πάρεστιν/ἥκει] καὶ μέλλω ἐν βραχεῖ ἀποθανεῖσθαι. ὅτε οὖν νέος ἦ, [ἐνόμιζον/ᾠόμην] βασιλεύων τῶν Περσῶν καὶ [νικήσας/κρατήσας] τοσαῦτα ἔθνη τελέως [εὐδαίμων εἶναι./εὐδαιμονεῖν.] ἀλλὰ Κροῖσος ὁ τῶν Λυδῶν βασιλεὺς ἐδίδαξέ με μηδένα δεῖν μακαρίζειν πρὸ [τῆς τοῦ βίου τελευτῆς·/τελευτῆς τοῦ βίου·] διὸ ἀεί μοι ἠκολούθει φόβος, μὴ χαλεπόν τι ἐν τῷ βίῳ ἴδω ἢ πάθω. τούτου τοῦ φόβου νῦν ἀπήλλαγμαι, καὶ ἀποθνῄσκω ἀληθῶς εὐδαίμων (ὤν).

> „sprach": Verben des Sprechens (wie λέγω, κελεύω) werden oft im Imperfekt gebraucht, obwohl man einen punktuellen Aorist erwartet. Wahrscheinlich ist ἔλεγε als Situationsschilderung gedacht, während ἐκέλευε eine Art des konativen Imperfekts ist: man weiß vorher nicht, ob der Befehl ausgeführt wird (s. Anhang I, 1, Sonderfälle).
> „jetzt": • νῦν auf die Gegenwart des Sprechenden (oder Schreibenden) bezogen
>   • τότε auf eine Situation in der Vergangenheit bezogen („jetzt ergriff NN das Wort")
>   • ἤδη „nunmehr", „inzwischen": von einem Ereignis, das erwartet ist oder die Situation ändert. Nur selten entspricht dem ein deutsches „schon" (wie in πάλαι ἤδη). „endlich": νῦν ἤδη oder τότε ἤδη.
>   • οὖν weiterführend (s. Anhang II, 2a).
> ἐδίδαξε ... δεῖν: Die abhängige Aussage drückt hier keine Tatsache aus, sondern eine Aufforderung, daher ist der Infinitiv vorzuziehen [LF 162β].
> φόβος μὴ + Konj.: s.u. IX Satz 3a und 3b.
> „befreit": • ἐλεύθερος/-όω bedeutet meist Freiheit von Sklaverei, polit. Herrschaft u.ä.
>   • ἀπαλλάττω „befreien", ἀπήλλαγμαι „ich bin befreit" wird allgemeiner von anderen Bindungen gebraucht (Schulden, Amtspflichten, Sorgen usw.)

I Aspekte und Tempora 51

9. Ὄρθρος βαθὺς ἦν, οἱ δὲ στρατιῶται ἀκράτισμα ⟨ποιησάμενοι / ἑλόμενοι⟩

ἐγυμνάζοντο πρὸ (τῶν) πυλῶν τῆς πόλεως. ⟨τότε / τηνικαῦτα / ἐνταῦθα / ἐν τούτῳ⟩ ⟨ἦλθε / ἀφίκετο / ἀφικνεῖται / ἧκε⟩ κῆρυξ ⟨ὃς ἐπέμφθη / πεμφθεὶς⟩ ⟨πρότερον / ἔμπροσθεν⟩ ⟨πρὸς / παρὰ⟩

τοὺς πολεμίους. πάντες οὖν συνέδραμον ⟨κραυγῇ / μετὰ κραυγῆς / βοῶντες⟩ περὶ αὐτόν.

ὁ δὲ ⟨ἔλεγε / εἶπε⟩ τοιάδε· Μὴ θορυβεῖτε, ὦ ἄνδρες, ἀλλ' ἀκούετε ἃ (ἐγὼ)

ὁ δέ· Μὴ θορυβεῖτε, ἔφη,

ἀγγέλλω· οἱ ⟨πολέμιοι / ἐχθροί / ἐναντίοι⟩ οὐκ ἄρχονται ⟨παρασκευαζόμενοι, (παρασκευάζεσθαι)⟩,

ἀλλ' (ἤδη) παρεσκευασμένοι εἰσὶ καὶ νομίζουσιν ἤδη ⟨νικᾶν. / νενικηκέναι.⟩

⟨ἐν ᾧ δὲ παρ' αὐτοῖς διέτριβον, / διατρίβοντα δὲ παρ' αὐτοῖς⟩ ⟨ἐπειρῶντό με πείθειν / ἔπειθόν με⟩ πολλάκις ἐλπίδα

ἡμῖν ⟨οὐκ / οὐδεμίαν⟩ εἶναι (τοῦ) (ἐκ)φεύξεσθαι. ἀλλ' οὐκ ἐπείσθην (αὐτοῖς).

> „frühmorgens":
> • ὄρθρος βαθὺς ἦν
> • ἅμα ὄρθρῳ
> • ἅμα τῇ ἡμέρᾳ
> „Frühstück": s. Wortfeld „Mahlzeit" Bd. 1,136 Satz 10.
> ἐγυμνάζοντο – ἀφίκετο: Kontrast der Aspekte, s.o. Satz 4.
> ἧκε: Das Präsens ἥκω bezeichnet einen Zustand: „ich bin gekommen, bin da" (Perfekt zu ἀφικνέομαι). Das Imperfekt ἧκον bezeichnet außer dem Zustand („ich war gekommen") meistens aoristisch den Vorgang („ich kam an") [BR 213.4b Anm.].
> (τῶν) πυλῶν: zur Wortstellung s. Bd. 1,88 Satz 2b.
> ἔφη: zur Stellung s. Bd. 1,134 Satz 6 sowie unten IV Satz 1.
> „Botschaft": Statt eines abstrakten Substantivs bevorzugt das Griechische einen Relativsatz.
> „anfangen": ἄρχομαι + Partizip „(erst) am Anfang einer Handlung stehen"
> ἄρχομαι + Infinitiv „einen Anfang machen, starten" [BR 243.5 Anm.].
> „ließ mich nicht überreden": s. Bd. 1,106 Satz 3.

II Genera Verbi (Diathesen)
Bornemann-Risch § 203-205; 116-117; Lindemann-Färber § 107-114

II 1 Passiv
Bornemann-Risch § 205; Lindemann-Färber § 111-114

C Lösungen

1. Ξενοφῶν βιβλίον γράφει. – Βιβλίον ὑπὸ Ξενοφῶντος γράφεται. –
Τοῦτο τὸ βιβλίον │ὑπὸ Ξενοφῶντος│ γέγραπται.
   Ξενοφῶντι

   ➢ „Buch": • ἡ βίβλος Papyrus, Papyrusrolle, Buch
   • τὸ βιβλίον begrenztes Stück einer Papyrusrolle, Buch in konventionellem Umfang, auch als Teil eines Werkes; s. Bd. 1,100 Satz 5.
   • τὸ βιβλίδιον Büchlein, Brief
   • ὁ λόγος Buch unter inhaltlichem Aspekt
   • τὸ σύγγραμμα das Niedergeschriebene, die Schrift
   ➢ Erinnerung: Zum *Dativus auctoris* (Ξενοφῶντι) s. BR 189.3; LF 80γ2.

2. Ὁ │παλαιὸς / γεραιὸς / γηραιὸς│ στρατιώτης τῷ χρόνῳ ἐξεκόπη │τὸν δεξιὸν ὀφθαλμὸν / τὸ δεξιὸν ὄμμα│ καὶ ἐπηρώθη τὴν ἀριστερὰν χεῖρα καὶ ἐτρώθη │οἰστῷ / τοξεύματι│ τὸν ἀριστερὸν μηρόν, ὥστε │διὰ (παντὸς τοῦ) βίου / πάντα τὸν βίον│ ἐχώλευε.

   ➢ „alt": s. Wortfeld Bd. 1,99 Satz 1.
   ➢ „Geschoß": • ὁ οἰστός Pfeil
   • τὸ τόξευμα Pfeil, auch: Schußweite (τοξεύω)
   • τὸ βέλος allgemein Geschoß (Pfeil, Speer, Schleuder- und Geschützkugel) (βάλλω)
   ➢ Konsekutiver Nebensatz: bei tatsächlich eingetretener Folge steht ein *Verbum finitum* [BR 275.1; LF 166.1].
   ➢ Zum *Accusativus respectus* s. Bd. 1,128 Satz 11 [BR 172; LF 112.2].

II 1 Genera Verbi (Diathesen): Passiv

3. Οἱ τῶν Λακεδαιμονίων νόμοι ὑπὸ Λυκούργου κεῖνται.

   ➤ „Gesetze geben": νόμους τιθέναι, daher ὁ νομοθέτης „Gesetzgeber". Erinnerung: Zu τίθημι wird als Perfekt Passiv κεῖμαι gebraucht.
   ➤ Lykurg: Mythisch-historische Figur, die etwa im 9. Jh. die spartanischen Gesetze geschaffen haben soll.

4. Ὁ σοφιστής, ἐπεὶ εἰς τὴν πόλιν ἦλθε, / εἰς τὴν πόλιν ἐλθὼν ἐπηγγείλατο τοὺς νέους πᾶσαν τέχνην διδάσκειν, ἥν(τινα) βούλοιντο· / ἐβούλοντο.

   Σωκράτους δὲ ἐλέγξαντος αὐτὸν / ἐπειδὴ δὲ Σωκράτης ἤλεγξεν αὐτόν, / ἐλεγχθεὶς δ' ὑπὸ Σωκράτους ὑπὸ πάντων ἠπιστεῖτο.

   ➤ σοφιστής: im 5. Jh. v.Chr. reisende Lehrer verschiedener Fächer, bes. der Rhetorik. Nach heftigen Angriffen von Sokrates u. a. (s. Platons Dialoge *Protagoras, Gorgias, Euthydemos, Sophistes*) wurde das Wort σοφιστής vielfach zum Schimpfwort: spitzfindige Argumentierer ohne Sachkenntnis.
   ➤ „sich erbieten": ἐπαγγέλλομαι versprechen, sich anheischig machen (dynamisches Medium, s.u. zu II 2 Satz 6), τὸ ἐπάγγελμα Versprechung, Angebot (lat. *profiteri*, davon *professor, professio*).
   ➤ „Junge Leute": s. Wortfeld „Lebensalter" Bd. 1,141.
   ➤ ἥν(τινα) βούλοιντο: Der Relativsatz im Sinn eines Iterativ der Vergangenheit kann im Optativ (ohne ἄν) stehen [BR 290.5; LF 172.3].
   ➤ ἠπιστεῖτο: persönliches Passiv von einem intransitiven Verb [BR 205.3; LF 112.3].

5. Ὁ φονεύσας ὑπὸ τῶν τοῦ ἀποθανόντος / φονευθέντος συγγενῶν / προσηκόντων φευγέτω.

   ➤ „Angehörige": • συγγενεῖς Blutsverwandte
   • κηδεσταί Verwandte durch Heirat, Verschwägerte
   • προσήκοντες Nahestehende, προσήκοντες τῷ γένει Verwandte
   • ἀναγκαῖοι durch ein Pflichtverhältnis Verbundene
   • οἰκεῖοι (lat. *familiares*) Hausgenossen, überhaupt Personen, mit denen man Umgang hat, Freunde (einschl. Verwandte)
   ➤ „Mörder": s.o. I Satz 1.

6. Μετὰ τὸν ἀγῶνα οἱ | νικῶντες / νικήσαντες / νενικηκότες | | ἐτιμήθησαν· / ἐτιμῶντο· | (οἱ δὲ παρόντες)

| ἐδείπνησαν / ἐδείπνουν | καὶ ἐπινίκια | ἦσαν. / ᾖδον.

➤ νικῶντες: resultatives Präsens, s. Anhang I, 1 Sonderfälle [BR 213.4b; LF 116 Anm.].
➤ „essen": • ἐσθίω allg.
  • σιτέομαι sich ernähren
  • δειπνέω eine Mahlzeit (δεῖπνον) zu sich nehmen
  • τρώγω knabbern, vor allem vom Nachtisch (Früchte)
  • εὐωχοῦμαι schmausen
➤ ἐπινίκια: ἐπινίκιον (μέλος) Siegeslied, vorgetragen bei sportlichen Wettkämpfen zum Preis des Siegers, seiner Vorfahren und seiner Heimatstadt sowie der über dem Fest waltenden Gottheit. Erhalten sind Epinikien Pindars aus Anlaß der vier panhellenischen Feste: Olympien, Nemeen, Isthmien und Pythien.
➤ ἐδείπνησαν, ἦσαν: unpersönliches Passiv ist zu vermeiden [BR 205.4; LF 112 Anm.]. Imperfekt wird verwendet, wenn der Brauch berichtet wird, Aorist, wenn ein einmaliges Ereignis erzählt wird.

7. Κίρκη ἡ φαρμακὶς τοὺς Ὀδυσσέως ἑταίρους οὐ(κ) | ἀπέκτεινε, / διέφθειρε, / ἀνεῖλε,

ἀλλ' εἰς | σύας / σῦς | μετέβαλε (αὐτούς). – Οἱ Ὀδυσσέως ἑταῖροι

ὑπὸ Κίρκης τῆς φαρμακίδος οὐ(κ) | ἀπέθανον, / διεφθάρησαν, / ἀνῃρέθησαν, | ἀλλ' εἰς | σύα / σῦς

μετεβλήθησαν.

➤ ἡ φαρμακίς,-ίδος: zu φάρμακον Heilmittel, Gift, Zaubertrank
➤ „töten": • ἀποκτείνω töten (Lebewesen), statt des Passivs: ἀποθνῄσκω [BR 205.2; LF 113]
  • φονεύω morden (Menschen)
  • διαχράομαι umbringen, beseitigen (Menschen)
  • κατακαίνω niederhauen, niedermetzeln
  • σφάττω, κατασφάττω, ἀποσφάττω schlachten (Tiere, übertragen auch Menschen)
  • ἀπόλλυμι vernichten, beseitigen
  • διαφθείρω verderben, beschädigen, auch: umbringen
  • ἀναιρέω aufheben, zunichte machen, auch: umbringen
➤ Die Kirke-Episode steht bei Homer, *Odyssee* X 130-574.

8. Οἱ Ἀθηναῖοι ὀστρακισμῷ ἐξέβαλλον / ἐφυγάδευον τοιούτους πολίτας, (τοὺς) οἳ ἄγαν δυνατοὶ ἐγίγνοντο. δυνατώτεροι (τοὺς) ἄγαν δυνατοὺς γιγνομένους. – Πολῖται / Οἱ πολῖται οἱ ἄγαν δυνατοὶ γιγνόμενοι ὀστρακισμῷ ὑπὸ τῶν Ἀθηναίων ἐξέπιπτον. / ἐφυγαδεύοντο.

➢ ὀστρακισμός: Auf Tonscherben (ὄστρακα) wurde der Name eines Bürgers, den man aus Athen verbannen wollte, eingeritzt.
➢ „verbannen": • ἐκβάλλω hinauswerfen, verbannen
              • ἐκπίπτω dient als Passiv zu ἐκβάλλω
              • φυγαδεύω des Landes verweisen
              • φεύγω verbannt sein (oder werden)
➢ ἄγαν kann auch (in attributiver Stellung) zu Substantiven treten: ἡ ἄγαν τιμή „allzu große Ehre". Sprichwörtlich ist μηδὲν ἄγαν „nichts im Übermaß". – „allzu" kann alternativ durch den Komparativ des Adjektivs ausgedrückt werden [BR 59 Anm. 2].

II 2   Medium
       Bornemann-Risch § 204; Lindemann-Färber § 109-110

C   Lösungen

1. Καινούς | ἡγεμόνας | αἱρώμεθα, | οἳ πρὸς τοὺς τῶν ἐγχωρίων
   Νέους   ἑλώμεθα,
   ἡγεμόνας πράξουσιν.

   ➢ „neu": • καινός neu im Gegensatz zum Früheren, oft von Erfindungen und Reformen
       • νέος noch nicht lange vorhanden, jung, frisch
   ➢ ἡγεμόνας: s. Wortfeld „Vorgesetzter" Bd. 1,129 Satz 3.
   ➢ πράξουσιν: πράττω allg. „tun, handeln", hat einige Sonderbedeutungen:
       • verhandeln mit jd. (πρός τινα) (auch im dynamischen Medium)
       • eintreiben (Zinsen, Tribut: τόκους, φόρον) (auch im dynamischen Medium)
       • εὖ πράττω es geht mir gut
   ➢ Alternative Konstruktion: Partizip Futur ὡς ... πράξοντας oder ὥστε mit Inf.
   ➢ Inhalt: Der Satz lehnt sich an die Situation an, in der das griechische Söldnerheer war,
      das in Persien seine gesamte Führerschaft durch einen Mordanschlag verloren hatte
      (Xenophon, *Anabasis* 3.1.46).

2. Οἱ στρατιῶται | ἐλούσαντο | ἐν τῷ ποταμῷ· | μετὰ δὲ τοῦτο/ταῦτα
                   λουσάμενοι   ἔπειτα δὲ
   ἐτράποντο πρὸς (τὸ) δεῖπνον καὶ ἐγεύσαντο τοῦ | ἡδέος
                                                  ἀγαθοῦ
   οἴνου τῆς χώρας.

   ➢ „Abendessen": s. Wortfeld „Mahlzeit" Bd. 1,136 Satz 10.
   ➢ „gut": ἡδύς angenehm, wohlschmeckend (vgl. ἡδονή, zu unterscheiden von γλυκύς süß),
      ἀγαθός von hoher Qualität; zur ethischen Konnotation s. Bd. 1,71 Satz 1.

3. Ὁ φόνου φεύγων | ἀνέβη | ἐπὶ τὸν Ἄρειον πάγον
                    ἔστη   εἰς τὴν ἐν Ἀρείῳ πάγῳ βουλὴν
   ὡς ἀπολογησόμενος. ἤρξατο δὲ τοῦ λόγου | τόνδε τὸν τρόπον.
                                            ὧδε.

   ➢ Ἄρειος πάγος: Der gegenüber der Akropolis liegende Areshügel, auf dem der
      oberste Gerichtshof (ἡ ἐν Ἀρείῳ πάγῳ/ἐξ Ἀρείου πάγου βουλή) tagte.
   ➢ „um zu": meist ὡς mit Partizip Futur; auch Finalsatz (ἵνα) möglich (s.u. IX Satz 1 und 2).
   ➢ ἤρξατο: Zu ἄρχω und ἄρχομαι s. Bd. 1,134 Satz 4 [BR 178h; LF 65 Anm.].

4. Μίνως ὁ βασιλεὺς ἔπαυσε τοὺς | πειρατὰς
λῃστὰς |

ἐνοχλοῦντας	ταῖς ναυσίν.
ἀδικοῦντας	τοῖς πλέουσιν.
βαρύνοντας	τὰς ναῦς.
	τοὺς πλέοντας.

– Οἱ λῃσταὶ ἐπαύσαντο

ταῖς ναυσὶν ἐνοχλοῦντες.

➢ „Seeräuber": • ὁ λῃστής allgemein Räuber, Wegelagerer, Seeräuber
• ὁ πειρατής Seeräuber, erst nachklassisch
➢ „belästigen": • ἐνοχλέω (+ Dat.)
• βαρύνω (+ Akk.) drücken, beschwerlich sein
• ἀδικέω Unrecht tun, Gewalt antun
➢ „Schiff": • ἡ ναῦς größeres Schiff
• τὸ πλοῖον allg. Wasserfahrzeug, bes. Frachtschiff
• ἡ τριήρης (ναῦς) dreideckiges Kriegsschiff
• ἡ ὁλκάς Frachtschiff
• τὸ σκάφος Kahn
• ἡ σχεδία Floß
➢ τοῖς πλέουσιν: Statt der Schiffe kann man die Menschen nennen, die ja die eigentlich Betroffenen sind. Das Griechische neigt allgemein zu einer persönlichen Auffassung (z.B. οἱ Ἀθηναῖοι statt „die Stadt Athen", vgl. Bd. 1,VII Satz 7ab). Zum Stilmittel der Metonymie s. Anhang III, 1.2.1.
➢ Nach παύω, ἄρχω (und dem Medium) steht meistens ein prädikatives Partizip [BR 243.5; LF 152α], aber ein Substantiv (als Genetiv-Objekt) ist auch möglich.

5. | Μετὰ τὴν μάχην | οἱ ἐναντίοι | ἐσπείσαντο.
σπονδὰς | ἐποιήσαντο.
Διαμαχεσάμενοι | | εἰρήνην |

Πολλοὶ δὲ τῶν ἡγουμένων λόγους ἐποιοῦντο.

➢ „Frieden schließen": s. Wortfeld Bd. 1,142 Satz 1.
➢ „führende Männer": s. Wortfeld „Vorgesetzter" Bd. 1,129 Satz 3.
➢ ποιεῖσθαι (+ Akk.) wird oft als Periphrase statt eines Verbs gebraucht (s. Bd.1,142 Satz 1): λόγους ποιεῖσθαι = λέγειν, σπονδὰς ποιεῖσθαι = σπένδεσθαι, θυσίαν ποιεῖσθαι = θύειν, πλοῦν ποιεῖσθαι = πλεῖν. Dagegen bedeutet ποιεῖν „machen" im Sinn von „herstellen".

6. Ἕκαστον ἡμῶν δεῖ πολιτεύεσθαι. ἡμεῖς γε βουλεύομεν. τήμερον δὲ βουλευσόμεθα περὶ μεγίστων (πραγμάτων).

τῶν μὲν οὖν (περὶ) | (τῆς) οἰκονομικῆς
(τῶν) οἰκονομικῶν
(τῆς) οἰκονομίας | ἐπιστημόνων
ἐμπείρων | εἰσὶν οἳ ἤδη

χρηστὰ ἡμῖν συνεβούλευσαν· | ἐὰν δὲ ἀπορήσωμεν,
ἀπορήσαντες δὲ | πάλιν συμβουλευσόμεθα αὐτοῖς.

> „man muß": unpersönliche Verben mit Inf. oder AcI [BR 234; LF 148.3b]:
>   • δεῖ meist bei allgemeinen Regeln
>   • χρή meist von bestimmten Situationen
>   • ἀνάγκη (ἐστιν) meist von äußeren Zwängen
>   • προσήκει, πρέπει von gesellschaftlichen oder ethischen Normen
> „zum Beispiel":   • οἷον ein beliebiges Beispiel
>   • γε oder γοῦν „jedenfalls"; ein hervorgehobenes Beispiel;
>   s. Anhang II, 2c und Zusatz
> „beraten": • βουλεύω Mitglied des Rates (βουλή) sein; planen, beschließen (meist Aorist)
>   • βουλεύομαι sich beraten, überlegen (allein oder in einer Gruppe);
>   planen, beschließen (meist Aorist)
>   • συμβουλεύω τινι Rat geben
>   • συμβουλεύομαί τινι um Rat fragen (nach BR 204.3; LF 109.4: sich Rat
>   geben lassen)
> πολιτεύομαι und βουλεύομαι lassen sich als dynamisches Medium verstehen:
>   etwas aus eigener Kraft, mit aktivem Einsatz tun [BR 204.5; LF 109.3]; ähnlich:
>   • ἐπιδείκνυμαι etwas (als eigene Leistung) vorführen
>   • ἐπαγγέλλομαι versprechen = als eigene Leistung ankündigen
>   • παρέχομαι aus eigenen Mitteln beitragen, spenden, gewähren
> „Fachmann": • Adjektive auf -ικός (ὁ μουσικός, πολιτικός, ῥητορικός, οἰκονομικός)
>   • ἔμπειρος, ἐμπείρως ἔχων, ἐπιστήμων (+ Gen. oder περί + Gen. od. Akk.)
>   • τεχνίτης (+ Gen. oder περί + Gen.) nur von praktischen Berufen, vor allem
>   von Handwerkern (und Künstlern); Schauspieler und Künstler nennen
>   sich (hellenistisch) οἱ Διονυσιακοὶ τεχνῖται oder οἱ περὶ τὸν Διόνυσον
>   τεχνῖται.
> „einige": s. Bd. 1,123 Satz 7.

7. Κατ' ἐνιαυτὸν 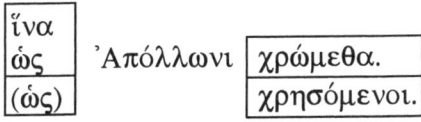 εἰς (τὰ) Δίδυμα

| ἵνα
ὡς
(ὡς) | Ἀπόλλωνι | χρώμεθα.
χρησόμενοι. |

- ➢ „pflegen, gewohnt sein": • εἴωθα (Perf.) allg.: regelmäßig etwas tun
  - • φιλέω gern tun, einer Neigung nachgehen
  - • ἔθος ἔχω Gewohnheit, Sitte haben
  - • νομίζω von festen Bräuchen (νόμοι) und Ritualen
  - • ohne Hilfsverb durch Indikativ Präsens oder Imperfekt
- ➢ Didyma: berühmte Orakelstätte in der Nähe von Milet.

8. Ἐν (τῇ) δημοκρατίᾳ χρὴ ἕκαστον τὴν ἑαυτοῦ γνώμην ἀποφαίνεσθαι.

Αὕτη ἐστὶν ἡ θρυλουμένη παρρησία.

- ➢ χρή: s.o. Satz 6.
- ➢ αὕτη: Ein Pronomen als Subjekt richtet sich im Genus und Numerus nach dem Prädikatsnomen [BR 257.4; LF 7 Anm. a. E.].

II 3   Medio-passive Verbalparadigmen
       Bornemann-Risch § 116-117; Zinsmeister-Färber § 129-130
       Lindemann-Färber § 109

C   Lösungen

1.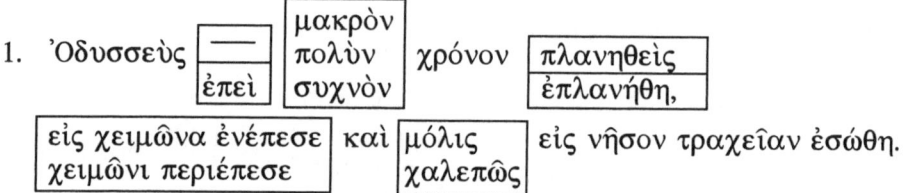

> ➤ Ὀδυσσεύς: Ein Subjekt, das Haupt- und Nebensatz gemeinsam ist, wird vorangestellt.
> ➤ μακρός „lang" (auch „hoch": δένδρα μακρά), zu unterscheiden von μέγας „groß".
>   („Makrokosmos" u.ä. ist mittelalterliche Neubildung, die auf Verwechslung der
>   Wörter beruht.)
> ➤ πλανηθείς: Homers *Odyssee* beginnt mit den Worten: Ἄνδρα μοι ἔννεπε, Μοῦσα,
>   πολύτροπον, ὃς μάλα πολλὰ / πλάγχθη ... Der Übungssatz bezieht sich auf die
>   Ankunft des Odysseus bei den Phäaken (*Odyssee*, 5. Gesang).
> ➤ νῆσον: Scheria, das Land der Phäaken.
> ➤ „mit Mühe": Die Formulierung σὺν πόνῳ ist selten und wird als Germanismus
>   besser vermieden.

2.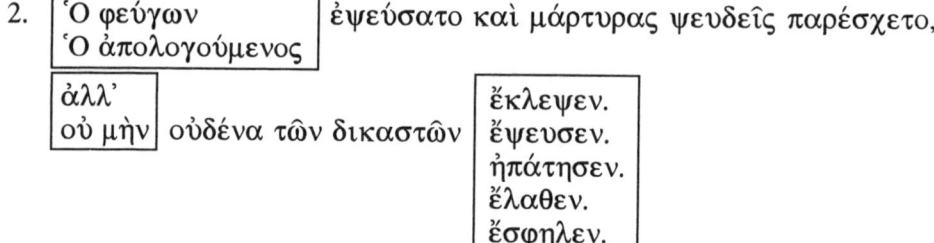

> ➤ παρέσχετο: s.o. II 2 Satz 6.
> ➤ „täuschen": • κλέπτω stehlen, hintergehen
>   • ψεύδω belügen
>   • ἀπατάω täuschen
>   • λανθάνω verborgen sein (bleiben), etwas heimlich tun (mit Part.)
>   • σφάλλω zu Fall bringen
> ➤ „können": s.o. I Satz 4.

II 3 Genera Verbi (Diathesen): Medio-passive Verbalparadigmen 61

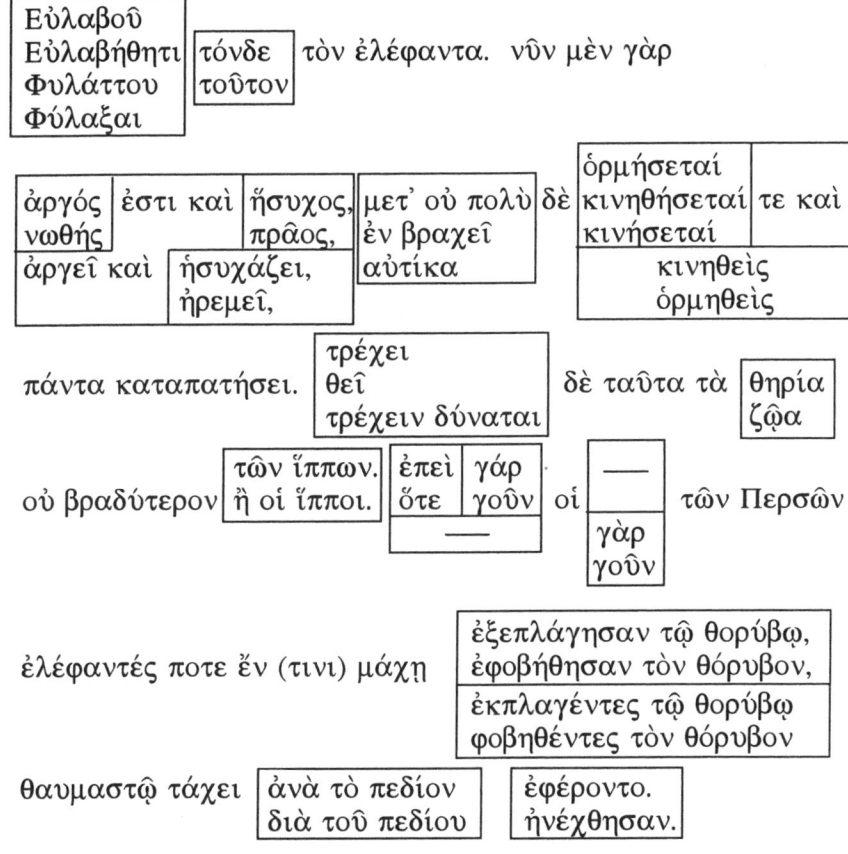

> γάρ, δέ, γοῦν: In einem zusammenhängenden Text wird jeder Hauptsatz an den vorigen grundsätzlich durch eine Partikel oder ein Pronomen angeknüpft (s. Anhang II). Das ist im Deutschen nicht so; deshalb muß die Verbindungspartikel oft ergänzt werden.
> „sich bewegen": • κινέομαι allg. in Bewegung sein
> • φέρομαι eilen, rasen, fliegen, dahintreiben
> • ὁρμάομαι sich anschicken, aufbrechen, anstürmen gegen
> • vgl. Wortfeld „gehen" Bd. 1,69 Satz 5.
> „Tiere": s. Wortfeld Bd. 1,68 Satz 1.
> „können": Als Modalverb aufgefaßt kann das Wort entfallen (s.o. I Satz 4); es kann aber auch als vollgültiges Verb gelten.
> „ebenso wie": ὥσ(περ) (καί), ὁμοίως (+ Dat.). Häufiger ist eine Umschreibung mit „nicht weniger als" oder „nicht mehr als".

4. Μετὰ τὸν ἔκπλουν (τῇ) πέμπτῃ ἡμέρᾳ | κατηγαγόμεθα / κατήχθημεν / ὡρμισάμεθα | εἰς Μίλητον.
   Ἐκπλεύσαντες

   ➤ πέμπτῃ ἡμέρᾳ: zur inklusiven Zählung s. Bd. 1,100 Satz 6.
   ➤ „landen": • κατάγομαι (Med.) εἴς τι [BR 116 Anm. 4; ZF 130.2].
   • ὁρμίζομαι εἴς τι / ἔν τινι vor Anker gehen (ὁ ὅρμος „Ankerplatz, Reede")

5. Λυπῆσαί σ᾽ οὐ βούλομαι· ἀλλ᾽ αὐτὸς λυποῦμαι ὅτι οὐκ ἐπείσθης
   | τοῖς ἐμοῖς λόγοις· / τοῖς λόγοις μου· | ἡσθείην δ᾽ ἂν εἰ τὸ λοιπὸν | μᾶλλον / ἐπιμελέστερον |
   | εὐλαβοῖο. / φυλάττοιο. / τὸν νοῦν προσέχοις. |

   ➤ τὸν νοῦν προσέχοις: im Sinne von „achtgeben"
   ➤ „wollen": s. Wortfeld Bd. 1,116 Satz 5.
   ➤ αὐτός, grammatisch überflüssig, ist hier (wie lat. *ipse*) betont gesetzt im Gegensatz zum vorausgehenden σε.
   ➤ ἡσθείην – εὐλαβοῖο: Potentialer Bedingungssatz [BR 280; LF 169].

6. Παυσαμένου τοῦ ὑετοῦ (ὁ) ἥλιος αὖθις ἐφάνη· καὶ ᾖδον μὲν οἱ ὄρνιθες, ἡ δὲ | πόα / χλόη | ηὐξάνετο, | τῆς δ᾽ ἑσπέρας / ἑσπέρας δ᾽ | ἀκούειν ἦν
   | ὀδυρομένης / ὀλοφυρομένης / θρηνούσης | τῆς ἀηδόνος.

   ➤ „können": • δύναμαι betont die eigene Fähigkeit (δύναμις)
   • ἔξεστιν, ἔστιν betont die von außen gegebene Möglichkeit
   ➤ „klagen": • θρηνέω wehklagen, bes. von der rituellen Totenklage (ὁ θρῆνος)
   • ὀδύρομαι Schmerz äußern, jammern
   • ὀλοφύρομαι sich jammernd beklagen, auch: bemitleiden
   • γοάω und γοάομαι laut schluchzen, jammern

III Modi

Bornemann-Risch § 221-229; Lindemann-Färber § 121-135

C   Lösungen

1. Εἰ μὴ χειμὼν ἦν, | ἐλουόμεθ᾽ ἄν / ἐδυνάμεθ᾽ ἄν λοῦσθαι | ἐν | τῷδε / τούτῳ | τῷ ποταμῷ.

   ➤ „könnten": Zum Wegfall des Modalverbs s.o. I Satz 4.

2. Εἰ μὲν ὑπὸ τῶν ἐμῶν πληγῶν ὁ ἀνὴρ | αὐτίκα / παραχρῆμα | ἀπέθανεν, αἴτιος ἄν ἦν ἐγώ· νῦν δὲ πολλῷ ὕστερον ὑπ᾽ ἰατροῦ κακῶς θεραπευθεὶς ἀπέθανεν.

   ➤ Quelle: Antiphon 4β,3.
   ➤ „in Wirklichkeit": • νῦν δὲ korrigierende Fortsetzung eines Irrealis, s. Anhang II, 2d
     • τῇ ἀληθείᾳ, ἀληθῶς, τῷ ὄντι, ὄντως allg., im Gegensatz zu irrigen oder unklaren Vorstellungen

3. Ἀγαμέμνων οὐκ ἂν ἦρχε τῶν νήσων, εἰ ναυτικὸν μὴ εἶχεν.

   ➤ Quelle: Thuk. 1.9.4.
   ➤ „können": s.o. Satz 1.
   ➤ „keine Flotte": s.u. IV Satz 3.

4. | Ὀλίγου / Μικροῦ | (δεῖν) | ἥμαρτον / ὑστέρησα | τοῦ καιροῦ.
   Ὀλίγου ἐδέησα ἁμαρτεῖν τοῦ καιροῦ.

   ➤ ἁμαρτάνω allgemein für ein Verfehlen, Mißlingen, ὑστερέω zu spät kommen.
   ➤ Beides mit partitivem Genetiv [BR 178a; LF 49].

5. (ἆρ') οἴκοι μένωμεν;   (ἆρ') ἔδει ἡμᾶς οἴκοι μένειν;
                μείνωμεν;   μεῖναι;
   Εἴθε οἴκοι ἐμένομεν.
              ἐμείναμεν.

   ➢ ἆρα als Einleitung von Entscheidungsfragen (Satzfragen) ist nicht obligatorisch
     [BR 266.2; LF 136.2a].

6. (ἄγε) εἴπω
   (φέρε) λέγω   σοι τὴν ἀλήθειαν.
          ἐρῶ   τἀληθές.

   ➢ Die Selbstaufforderung in der 1. Person kann wie ein Imperativ durch φέρε, ἄγε, ἴθι
     verstärkt werden [BR 227.2a; LF 135].

7. Ὁ ξένος ὁ κόψας τὴν θύραν εἰσίτω. 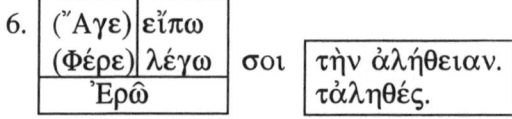 δ' αὐτὸν κατὰ

   τοὺς νόμους. καὶ χαίροι   τῇ ἑορτῇ ἐν τῇ ἡμετέρᾳ πόλει.
                     εὐφραίνοιτο   πόλει ἡμῶν.

   ➢ „möge – wollen – möge": Es ist zu unterscheiden zwischen Aufforderung (Imp.),
     Selbstaufforderung (Konj., Bd. 1,102 Satz 2) und Wunsch (Opt.).
   ➢ „unsere": über stärkere und schwächere Betonung s. BR 67.4b. Hier eher stärker
     betont, weil der Fremde aus einer anderen Stadt kommt.
   ➢ „Freude haben": • χαίρω (schwächer) als angenehm empfinden, gern haben
                     • ἥδομαι (stärker) Lust (ἡδονή) empfinden, genießen
                     • εὐφραίνομαι heiter, fröhlich, vergnügt sein

8. Εἴθε ἢ νὺξ γένοιτο ἢ οἱ Πρῶσσοι ἀφίκοιντο.
                                    παραγένοιντο.

   ➢ Der Ausspruch wird Wellington bei der Schlacht von Waterloo (1815)
     zugeschrieben.
   ➢ Preußen: Die Form nicht-antiker Namen ist aus mittelalterlichen byzantinischen
     Quellen zu entnehmen, dann aus dem Neugriechischen. Mit den Πρῶσσοι (heute
     meist Πρῶσοι geschrieben) sind im MA natürlich die (baltischen) Pruzzen gemeint.

III Modi　　　　　　　　　　　　　　　　65

9. | (Ἀντι)λέγοι / (Ἀντ)εἴποι | ἄν τις | ὅτι ὅδε οὗτος / τόνδε τοῦτον | οὐκ ἔστι καιρὸς / οὐκ εἶναι καιρὸν |

τοῦ βουλεύεσθαι. – | (Ἀντ)έλεγεν / (Ἀντ)εῖπεν | ἄν τις …

> „dies": s.o. II 2 Satz 8.
> Zum Akzent von (οὐκ) ἔστιν s. BR 138 Erl. 1.

10. | Τόνδε / Τοῦτον | τὸν ποταμὸν | ἄνευ πλοίων / πλοῖα μὴ ἔχοντες | οὐκ ἂν | διαβαίνοιτε. / διαβαίητε. / διαβαῖτε. |

> „Schiff": Wortfeld s.o. II 2 Satz 4.
> Bedeutungen des Potentialis (Opt. + ἄν): 1. Möglichkeit („können")
> 　　　　　　　　　　　　　　　　　　　2. Vermutung, zurückhaltend-höfliche
> 　　　　　　　　　　　　　　　　　　　　 Behauptung („dürfte")
> 　　　　　　　　　　　　　　　　　　　3. höfliche Bitte, s.u. Satz 11
> 　　　　　　　　　　　　　　　　　　　4. logische Folgerung („muß"), s.u. Satz 13

11. Δοίης ἄν μοι τὸ ἱμάτιον καὶ τὰ ὑποδήματα·

μέλλω γὰρ (θύραζε) ἐξιέναι.

> „Kleidungsstücke":　• ὁ χιτών Unterkleid, Hemd
> 　　　　　　　　　　• τὸ ἱμάτιον Oberkleid, Mantel
> 　　　　　　　　　　• ἡ χλαῖνα weich-wolliges Obergewand, Decke
> 　　　　　　　　　　• ἡ χλαμύς kurzer Mantel, bes. von Soldaten und Reitern
> 　　　　　　　　　　• ὁ πέπλος repräsentatives Festgewand der Frauen
> 　　　　　　　　　　• ὁ τρίβων Philosophenmantel (grob)
> 　　　　　　　　　　• αἱ ἀναξυρίδες Hose (ungriechisch)
> 　　　　　　　　　　• τὰ ὑποδήματα Schuhe
> 　　　　　　　　　　• ὁ πῖλος spitzer Hut; ὁ πέτασος flacher Hut

12. Εἴ μοι υἱὸς ἦν, ἐβουλόμην ἂν αὐτὸν | τὰ πολιτικὰ πράττειν. / πολιτεύεσθαι. |

> ἐβουλόμην ἄν: zum Modusgebrauch s.u. Satz 16.

13. Τὸν μέλλοντα │πράξειν│ τἀγαθὸν δεῖ │ἐπίστασθαι│ αὐτό·
                 │ποιήσειν│   │εἰδέναι   │
                                         │ἐγνωκέναι │
διὸ ἐπιστήμη ἄν τις εἴη ἡ ἀρετή.

> „kennen": s. Wortfeld Bd. 1,94 Satz 11.
> Dies ist der Grundgedanke der sog. intellektualistischen Ethik von Sokrates und Platon.
> τις: Zu den verschiedenen Verwendungen s. BR 159.1-4, hinzuzufügen ist:
  5. „eine Art von" [LF 27a].

14. Ἔδει τοὺς πολεμοῦντας νῦν ἤδη │συνθήκην│ ποιήσασθαι
                                   │συνθήκας│
│ἴσην καὶ δικαίαν.│
│ἴσας καὶ δικαίας.│ – Ἔδει τοὺς πολεμοῦντας ἀπ' ἀρχῆς ἤδη ...

> ἔδει: zum Modusgebrauch s.u. Satz 16.
> „Vertrag schließen": s. Wortfeld „Frieden schließen" Bd. 1,142 Satz 1.

15. Ἐβουλόμην (ἄν) μᾶλλον κατὰ τὸν μέσον αἰῶνα │ζῆν   │
                                                 │βιοτεύειν│
ἢ │νῦν.   │
  │καθ' ἡμᾶς.│

> „leben": • ζάω allgemeinster Begriff; physische Existenz von Mensch und Tier (ζῷα). Im Attischen nur Präsens, Imperfekt, seltener Futur.
  • βιόω besonders vom Menschen; ersetzt Aorist und Perfekt von ζάω.
  • βιοτεύω, διάγω sein Leben führen in einer bestimmten Art und Weise (mit Adverb, z.B. εὐδαιμόνως).
  • (τὸν) βίον διάγω sein Leben verbringen (mit Adverb oder Attribut, z.B. εὐδαίμονα).
  • εἰμί dasein, existieren
  • διαιτάομαι von äußeren Lebensbedingungen (z.B. ἀκριβῶς „sparsam"), daher die medizinische Bedeutung von ἡ δίαιτα
> ἐβουλόμην (ἄν): zum Modusgebrauch s.u. Satz 16.

16. Βουλοίμην ἂν μᾶλλον | εἰς Ἀθήνας / Ἀθήναζε | πορεύεσθαι / ἀποδημεῖν | ἢ εἰς Ῥώμην.

> „reisen": • πορεύομαι allgemein: reisen
  • πορείαν ποιέομαι eine Reise machen (periphrastisch)
  • κομίζομαι sich (irgendwohin) begeben
  • πλέω zur See reisen
  • ἀποδημέω verreisen (von der Heimat abwesend sein)
  • ἐπιδημέω sich in einem Land als Reisender aufhalten
  • ἐπέρχομαι (χώραν τινά) (ein Land) bereisen
> In den Sätzen 13-16 ist zu unterscheiden:
  a) ἔδει: „Irrealis der Nichterfüllung" [BR 225; LF 127]: das Sollen ist real, aber es mangelt die Erfüllung. Für Gegenwart und Vergangenheit gleichlautend.
  b) ἐβουλόμην (ἄν) wie a); aber bei ἐβουλόμην und ᾤμην kann ἄν hinzutreten, das eigentlich den vollen Irrealis bezeichnet [BR 225 Anm. 4; LF 123a].
  c) ἐβουλόμην ἄν: voller Irrealis [BR 223; LF 125].
  d) βουλοίμην ἄν: Potentialis im Sinne einer bescheidenen Feststellung [BR 228.3; LF 132].

IV Negationen

Bornemann-Risch § 250-252; Lindemann-Färber § 157

C Lösungen

1. Διογένης Λαέρτιος ἐν τοῖς Βίοις τῶν φιλοσόφων | ἱστορεῖ / ἱστόρηκεν | Ἀλέξανδρον τὸν μέγαν· Εἰ μή, | φάναι, εἰπεῖν, | Ἀλέξανδρος ἦν, Διογένης ἂν ἐβουλόμην εἶναι.

(D. L. 6,32: φασὶ δὲ καὶ Ἀλέξανδρον εἰπεῖν, ὡς, εἴπερ Ἀλέξανδρος μὴ ἐγεγόνει, ἐθελῆσαι ἂν Διογένης γενέσθαι.)

> Διογένης: Dieser Diogenes ist der kynische Philosoph des 4. Jh. v.Chr.
> Βίοις: Es empfiehlt sich, das Wort als Werktitel groß zu schreiben. (Die Großschreibung von Namen, Titeln und Satzanfängen ist nicht antik und erst in der Neuzeit aufgekommen.) – Die *Bioi* des Diogenes Laertius (2.-3. Jh. n.Chr.) umfassen 10 Bücher, in denen, beginnend mit den Sieben Weisen, die großen Philosophenschulen in ihren Haupt-vertretern dargestellt werden.
> φάναι: In wörtlicher Rede werden die Formen von φημί als Zitierformel parenthetisch eingeschoben, manchmal auch die von λέγω. Siehe Bd. 1,134 Satz 6.
> Im Originalsatz bei D. L. ist das Zitat mit ὡς (= ὅτι) eingeleitet, und in dem konditionalen Satzgefüge ist ein Irrealis (ἐγεγόνει „geboren wäre") mit einem Potentialis (ἐθελῆσαι = ἐθελήσειεν + ἄν: „ich könnte mich dazu bereit finden") verbunden [BR 282].
> Zu ἐθέλω s. Wortfeld „wollen" Bd. 1,116 Satz 5.

2. Ἐν τῷ (ἐμῷ) κήπῳ φύλακα τάττω ἀεί,

ὃς μή	ἐάσει τοὺς κλέπτας εἰσελθεῖν.
	εἰσήσεται τ. κ.
	προσήσεται τ. κ.
ὡς μή	ἐάσοντα τοὺς κλέπτας εἰσελθεῖν.
	εἰσησόμενον τ. κ.
	προσησόμενον τ. κ.

IV Negationen

3. | Εἴθε / Ὤφελον | μήποτε ἐκ τῆς πατρίδος | ἀπεδήμησα. / ἀποδημῆσαι. | πολλὰ γὰρ

| ἐπόνησα / ἐταλαιπώρησα / πράγματα ἔσχον | ἀποδημῶν, / ὁδοιπορῶν, / πορευόμενος, | καὶ / ἀλλὰ | χρήματα οὐκ / οὔτε χρήματα |
| πονήσας / ταλαιπωρήσας / πράγματα σχὼν | | | |

ἐκτησάμην | οὐδὲ / οὔτε | ἐπέδωκα | εἰς / πρὸς / ἐπὶ | ἐπιστήμην. / μαθήματα. / παιδείαν.

> Εἴθε/ὤφελον: BR 224 Anm.; LF 126.
> „auf Reisen gehen": Wortfeld „reisen" s.o. III Satz 16.
> „kein Vermögen": Im Deutschen wird „kein" als Negation des unbestimmten Artikels „ein" gebraucht, während gr. οὐδείς immer besagt, dass von mehreren Möglichkeiten keine in Frage kommt („keiner von allen", „kein einziger"), was hier nicht gemeint ist; vgl. „Ich habe keine Zeit" σχολὴν οὐκ ἔχω, οὔ μοι σχολή. Siehe Bd. 1,73 Satz 7.
> „Wissen":
> • οἶδα (sicher, genau) wissen
> • ἐπίσταμαι kennen, wissen, oft fachlich = sich auf etwas verstehen, auch m. Inf.: etwas zu tun wissen; ἐπιστήμη = fachlich-wissenschaftliches Wissen
> • γιγνώσκω (Er-)Kenntnis haben; γνῶσις = Erkenntnis, später (kaiserzeitlich) = religiöses (geoffenbartes) Wissen, Geheimwissen (Gnostiker, Hermetik)
> • ἔχω εἰπεῖν (πολλά) ich weiß (viel) zu sagen

4. Ἀγρὸς μὴ ἀροθεὶς οὐκ ἐπιτήδειος | σπείρεσθαι. / σπείρειν.

> Der Infinitiv bei Adjektiven [BR 237.1, s. dort die Beispiele] steht oft im Aktiv, wo die Logik (und die Grammatik des Lateinischen) ein Passiv verlangte.

5. | Εἴ τίς φησι(ν) / Ἐάν τις φῇ | μήποτε / οὔποτε | ἁμαρτεῖν, ψεύδεται.

> Ein Infinitiv (oder Partizip) innerhalb eines Bedingungssatzes hat als Teil desselben die Negation μή; aber wenn er eine Tatsachenbehauptung enthält, die als solche οὐ haben müßte, kann auch οὐ stehen [BR 250γ; LF 137c].

6. Ὅστις / Ὅς ἂν / Ὅστις ἂν / Ὅ   μήποτε ἐν τῷ βίῳ   ἠτύχησε, / ἀτυχήσῃ, / ἀτυχήσας   οὐδὲ τῶν ἡδονῶν

τελέως οἷός τ' (ἐστὶν)   ἀπολαύειν. / μετέχειν.

> οἷός τέ εἰμι: s. Wortfeld „können" Bd. 1,130 Satz 5.
> „völlig":
  • τελέως vollkommen, endgültig
  • ἄκρως in höchstem Grad
  • παντελῶς in jeder Hinsicht
  • παντάπασιν gänzlich
  • πάντως in jeder Weise, auf jeden Fall
  • ὅλως umfassend

7. Εἰσὶν οἳ   ἀδύνατοί εἰσιν / ἀδυνατοῦσι   δεομένῳ μὴ οὐ   διδόναι, / παρέχειν, / συγχωρεῖν,   ἃ   δεῖται. / ἂν δέηται.

> „mancher": s. Bd. 1,123 Satz 7.
> „bitten":
  • δέομαί τινος (Person) τι (nur Pronomen oder Adjektiv im Neutrum)
  • δέομαί τινος m. Inf. (z.B. τυχεῖν τινός) oder AcI
  • αἰτέω / αἰτέομαι τινά τι bitten, fordern
  • ἀξιόω τι παρά τινος bitten (mit dem Anspruch, es verdient zu haben)
  • ἱκετεύω τινα flehentlich bitten
  • ἀντιβολέω (wie ἱκετεύω)

8. Δέδοικα / Φοβοῦμαι   μὴ τὸ   βούλευμα / δόγμα   ἡμῶν ὑπ' οὐδενὸς ἐν οὐδεμιᾷ τῶν ἄλλων πόλεων ἐπαινῆται.

> Nach Verba timendi steht μή + Konj. (oder Opt. obl.), verneint durch οὐ [BR 271].
> „irgendeinem": In negativen Sätzen steht statt eines Indefinit-Pronomens immer das negative Korrelat; s. die Tabellen ZF 89 und 103, Spalte „Sonstiges".

IV Negationen

9. Εἰ καὶ μὴ εἰς καιρὸν ἀφίκου, οἱ παρόντες οὐ μή σοι μέμφωνται.
οὐ μὴν ἀλλὰ βουλοίμην ἂν τὸ λοιπόν σε μὴ μόνον τῆς σῆς ῥαστώνης,
ἀλλὰ καὶ τῶν συγκειμένων ἡμῖν φροντίζειν.
νῦν γὰρ | δῆλον ὅτι | οὐδὲν ἀλλ' ἢ πράγματα ἡμῖν | παρέχεις |
        | δῆλος εἶ | | παρέχων |
καὶ τοῦτο οὐδ' αἰσθανόμενος.

> εἰ καὶ: konzessiv [BR 284; LF 171].
> „denken an": s. Wortfeld Bd. 1,129.
> οὐ μὴν ἀλλά: s. Anhang II, 2d.
> δῆλον: Zur Konstruktion s. BR 243; LF 192ε.
> ἀλλ' ἤ: nach einer Negation heißt „als" oder „außer" ἀλλ' ἤ [zum Gebrauch von ἀλλά s. BR 253.1; LF 140d].

10. Νῦν ἤδη τἀληθὲς ἡμῖν εἰπὲ καὶ τοὺς δικαστὰς μηδὲν (ἔτι)
ἀποκρύπτου, ὧν ἐποίησας· καὶ ἐπιεικῶς σε κρινοῦσιν.

> ἤδη: Wortfeld „jetzt" s.o. I Satz 8.
> ὧν für τούτων, ἅ: Attraktion des Relativums [BR 291.2].
> „dann": καί, s. Anhang II, 2.a und unten XIV Satz 9.

11. Ὁ ποταμὸς τοσοῦτος ἦν τὸ βάθος, ὥστε οὐδὲ τὰ δόρατα
τῶν στρατιωτῶν ἐξεῖχε | πειρωμένων τοῦ βάθους. |
                       | ἐξεταζόντων τὸ βάθος. |

> ὥστε: bei tatsächlich eingetretener Folge steht ein finites Verb, sonst Infinitiv. μηδὲ ... ἐξέχειν würde bedeuten: „daß sie nicht herausragen konnten" [vgl. BR 275.1, Bsp. 4].
> „prüfen, untersuchen":
>   • πειράομαι (τινός) einen Versuch machen, probieren
>   • ἐξετάζω genau prüfen (auf Echtheit, Richtigkeit u. dgl.)
>   • βασανίζω ähnlich wie ἐξετάζω (ὁ βάσανος: Prüfstein für Gold), auch: foltern
>   • κρίνω vorwiegend gerichtlich: nach Prüfung entscheiden
>   • (ἐξ)ελέγχω kritisch bewerten, meist negativ: widerlegen, bloßstellen, kritisieren
>   • (δια)σκοπέω kritisch erörtern

V Infinitiv und AcI

Bornemann-Risch § 231-239; Lindemann-Färber § 143-150

C Lösungen

1. | Συγχωρῶ | τοὺς ἐμοὺς συμβούλους | ἁμαρτεῖν. |
Ὁμολογῶ		ἡμαρτηκέναι.
		σφαλῆναι.
		ἐσφάλθαι.

   – Ἀλλὰ δοκεῖς μοι, ὦ βέλτιστε, ἄλλους αἰτιᾶσθαι ἀντὶ σεαυτοῦ.

   – Εἶεν, συγχωρῶ, εἰ βούλει, αὐτὸς | ἁμαρτεῖν.
   | | ἡμαρτηκέναι.
   | | σφαλῆναι.
   | | ἐσφάλθαι.

   ➤ „gestehen":
   - ὁμολογέω (wörtl. „dasselbe sagen") einverstanden sein
   - συγχωρέω (wörtl. „zusammenrücken") zurückweichen, einräumen
   - δίδωμι (wörtl. „dem Gesprächspartner etwas schenken") zugeben

   ➤ „sich irren":
   - ἁμαρτάνω (mit Betonung der „Schuld", ἁμάρτημα)
   - σφάλλομαι (mit Betonung des „Versehens", σφάλμα)
   - πλανάομαι irregehen

   ➤ Erinnerung: „wollen" kann als Modalverb entfallen; s.o. I Satz 4.

2. | Συμφέρει | ἡμῖν | πένητας | εἶναι· | οὕτω γὰρ
   | Λυσιτελεῖ | | πένησιν | |
   | | | πένεσθαι· | |

   | οὐδεὶς ἡμῖν φθονήσει, | ἀλλὰ μᾶλλον ἐλεήσει (ἡμᾶς).
   | οὐ μὴ φθονήσῃ ἡμῖν οὐδείς, |

   ➤ οὐ μή + Konj. Aor: eigentlich „es ist nicht zu fürchten, daß", im Sinne von „gewiß nicht" [BR 271 Anm. 3; LF 163β2].
   ➤ ἐλεήσει (ἡμᾶς): Das Objekt ist entbehrlich, weil es von ἡμῖν her ergänzt werden kann. Das Griechische ist für den Kasus-Unterschied nicht empfindlich.

V Infinitiv und AcI

3. Αἰσχρὸν (εἶναι) νομίζω ὑφ' ὑμῶν (μόνος) | (ἐγ)καταλειφθῆναι / (ἐγ)καταλείπεσθαι | ἐν τῷ κινδύνῳ. / ἐν τοῖς δεινοῖς.

> „lassen": • λείπω (und Komposita: κατα-, ὑπο- u.a.) zurücklassen, verlassen
>   • ἐάω + Inf. dulden, nicht hindern
>   • ποιέω + Inf. veranlassen

4. Ἐν κινδύνοις δεῖ θαρρεῖν καὶ μὴ ἀποδειλιᾶν, ἐν | ἀσφαλεῖ / ἀσφαλείᾳ | δ' ὄντας οὔτε δεῖ ῥᾳθυμεῖν οὔτε ἀμελεῖν τῶν δεόντων.

> „müssen": δεῖ und χρή sind oft austauschbar; δεῖ bezieht sich mehr auf allgemeine Pflichten und Regeln (daher τὸ δέον, τὰ δέοντα: Pflicht, korrektes Handeln), χρή auf Erfordernisse der Situation (s.o. II 2 Satz 6).

5. | Λέγουσιν Ἀλκιβιάδην / Λέγεται Ἀλκιβιάδης / Λέγεται Ἀλκιβιάδην | Περικλεῖ | ἐπιτρόπῳ ὄντι / τῷ ἐπιτρόπῳ / ὃς ἐπίτροπος ἦν | (ἑ)αυτοῦ, προστάτῃ δὲ τῆς πόλεως, διαλεχθῆναί ποτε περὶ (τῶν) νόμων.

> Herkunft der Stelle: Xenophon, *Memorabilia* 1.2.40.
> „man sagt": s. Bd. 1,85 Satz 5.
> προστάτης τῆς πόλεως bezeichnet eine Führungsstellung ohne ein bestimmtes Amt, s. Wortfeld „Vorgesetzter" Bd. 1,129 Satz 3.

6. | Ἔνιοι τῶν φιλοσόφων / Εἰσὶν οἳ / Τῶν φιλοσόφων τινὲς | λέγουσι / φασὶ | τὸ τῶν ἐπιθυμιῶν | κρατεῖν / ἄρχειν | μεῖζον (ἔργον) εἶναι τοῦ σῴζειν τὴν πατρίδα.

> Erinnerung: Das substantivierte Verb behält seinen Verbalcharakter und bestimmt den Kasus des abhängigen Substantivs.
> Wenn „manche" mit τινες wiedergegeben wird, muß das Wort als Enklitikon nachgestellt werden.

7. │Δοκῶ μοι│ μόνος │κατανοῆσαι│ τὸ σφαλερὸν τῆς συμβουλῆς (ἐκείνης)
   │Ἔοικα │   │αἰσθέσθαι │

   τῆς κελευούσης ἡμᾶς πιστεύειν μὲν τοῖς │ὑπισχνουμένοις│ πλουσίους
                                          │ἐπαγγελλομένοις│

   ἡμᾶς ποιήσειν, ἀπιστεῖν δὲ τοῖς παρακελευομένοις μὴ δανείζειν χρήματα
   ἐμπόροις μὴ │ὀκνοῦσι   │ μὴ οὐ │μεγάλους κινδύνους│ κινδυνεύειν.
               │φοβουμένοις │   │μεγάλα   │

   ➢ „scheinen": • δοκῶ + Inf. (persönl. konstruiert): Meinung, Glaube; „gilt als ..."
     = δοκεῖ εἶναι
     • ἔοικα + Inf. (persönl. konstruiert): Wahrscheinlichkeit; „wohl"
     • κινδυνεύω + Inf. (persönl. konstruiert): Vermutung; „vielleicht"
     • φαίνομαι + Inf. (persönl. konstruiert): Eindruck; „scheinbar"
     • φαίνομαι + Part.: Evidenz; „offenbar"
   ➢ κελευούσης: muß eingefügt werden, weil der Infinitiv nicht von einem Substantiv
     abhängen kann.
   ➢ „drängen": s. Wortfeld „ermahnen", „auffordern" Bd. 1,105 Satz 13.
   ➢ „Geschäftsleute": s. Bd. 1,130 Satz 5.
   ➢ κινδυνεύειν: zum inneren Objekt s. BR 170; LF 42.

8. Περικλῆς τὴν Ὀλύμπιος προσηγορίαν μάλιστα δοκεῖ │εἰληφέναι│
                                                    │ἐσχηκέναι│

   διὰ │τὸ δεινὸς εἶναι λέγειν·│ καὶ λέγεται ἐν τῇ παλαιᾷ κωμῳδίᾳ
       │τὴν ἐν λόγοις δεινότητα·│

                            │ὅτε│δημηγοροίη.
   βροντᾶν καὶ ἀστράπτειν   │   │λόγους ποιοῖτο.
                            │   │δημηγορῶν.
                            │   │λόγους ποιούμενος.

   ➢ Nach Plutarch, Perikles 8; das Zitat: Aristophanes, Acharner 531.
   ➢ Ὀλύμπιος: Bei der Anführung eines Wortes, bes. eines Namens, steht der Nominativ.
   ➢ δημηγοροίη: Optativ als Iterativ der Vergangenheit (obwohl formal von einem Präsens
     abhängig).
   ➢ „eine Rede halten": • λόγους ποιέομαι eine Rede halten (in solchen periphrastischen
                          Ausdrücken immer im Medium, s.o. II 2 Satz 6 und III Satz 16)
                        • ἀγορεύω öffentlich reden (ἀγορά)
                        • δημηγορέω vor der Volksversammlung (δῆμος) reden
                        • λέγω allgemein „sprechen"

9. Προδοσίαν | καλοῦμεν / ὀνομάζομεν | τὸ φίλον ἢ σύμμαχον | ἑκουσίως / ἑκόντα | βλάπτειν / ἀδικεῖν |
τὸν (ἑαυτοῦ) φίλον ἢ σύμμαχον.

> „nennen": s. Wortfeld Bd. 1,72 Satz 6.
> „schaden": s. Wortfeld Bd. 1,121 Satz 1.

10. Οἱ Πρωταγόρᾳ | συγγιγνόμενοι / συνόντες | νέοι ἐμάνθανον λέγειν καὶ πράττειν

τὰ | τῆς πόλεως, πολιτικά, | καὶ ἐποίησεν αὐτοὺς (ὡς) δυνατωτάτους διοικεῖν

τά τε | οἰκεῖα / ἴδια | τούς τε ἑαυτῶν οἴκους καὶ | τὴν πόλιν. / τὰ κοινά. | ὁ δὲ Σωκράτης

| ἔφη / ἠξίωσεν / γνώμην ἀπεφήνατο | οὐ | διδακτὸν / διδακτὴν | εἶναι ταύτην τὴν τέχνην,

καὶ ἐκέλευεν αὐτόν, εἰ ἔχοι δεῖξαι ὡς | διδακτόν / διδακτή | ἐστιν, δεικνύναι.

> Die Stelle ist Platons Dialog *Protagoras*, 318E f., entlehnt.
> συγγίγνεσθαι, συνεῖναί τινι: Diese Ausdrücke sind vor allem bei Platon üblich für ein Schülerverhältnis.
> ὡς beim Superlativ bezeichnet emphatisch den höchstmöglichen Grad (Maximierung oder Optimierung) [BR 59.4 Anm. 4; LF 81.4].
> ἔφη: Für sprachliche Äußerungen gebraucht das Griechische eher das undifferenzierte λέγω, φημί, während das Deutsche differenziertere Verben bevorzugt.
> διδακτόν: Prädikatsnomen im Neutrum, „etwas Lehrbares" [BR 257.3; LF 7 Anm.].
> „können": s. Wortfeld Bd. 1,130 Satz 5. ἔχω häufig in dem Sinn „(etwas zu sagen) haben".
> δεῖξαι – δεικνύναι: Der Aorist komplexiv (der Beweis als Ganzes), das Präsens linear (als Abfolge des Argumentes). – Die Wiederholung eines Verbs in anderer Form ist ein beliebtes Stilmittel der klassischen Prosa, während im Deutschen die Wiederholung stilistisch anstößig ist.

11. Ὁ μὲν κατήγορος αἰτιᾶταί με ἀσεβεῖν οὓς μὲν ἡ πόλις [νομίζει / θεραπεύει] θεοὺς οὐ [νομίζοντα, / θεραπεύοντα,] ἕτερα δὲ δαιμόνια εἰσφέροντα καινά· τὸν γὰρ νόμον [οὐκ ἐᾶν / ἀπαγορεύειν / κωλύειν] νεωτερίζειν [οὐδὲν / μηδὲν] περὶ τὰ τῆς πόλεως ἱερά. ἐγὼ δὲ [οὔ φημι / ἀρνοῦμαι] [οὐδὲν / μηδὲν] τοιοῦτο(ν) αὐτὸς δρᾶσαί ποτε [οὐδὲ / μηδὲ] συμβουλεῦσαι ἄλλῳ, καὶ πολλοὶ μαρτυρήσουσί μοι ἀεὶ θύειν τε τοῖς πατρίοις θεοῖς καὶ εὔχεσθαι.

➢ Der Text lehnt sich an Xenophon, *Memorabilien* 1.1 an. Ein formelles Gesetz dieser Art hat es aber wahrscheinlich nie gegeben.
➢ οὓς – θεούς: BR 291.1; LF 173c.
➢ οὐ – οὐδέν: Häufung von Negationen als Verstärkung [BR 252; LF 137 V].
➢ Zum Partikelgebrauch s. Anhang II.
➢ Zur Negation μή beim Infinitiv nach Verben des Hinderns und Leugnens s. BR 251.2. Für die Ausdrücke οὐκ ἐῶ und οὔ φημι (verfestigte Litotes, s. Anhang III, 1.7.2) gilt diese Regel nicht. In einem negierten Satz ist statt eines Indefinit-Pronomens („etwas") das negative Korrelat zu setzen (s.o. IV Satz 8).

VI Partizip

Bornemann-Risch § 240-248, Lindemann-Färber § 151-158

C Lösungen

1.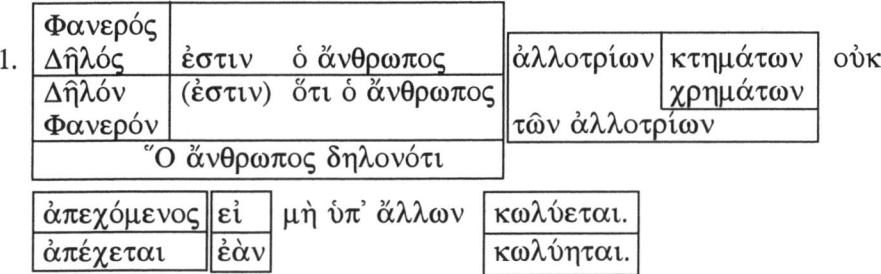

2. | Δείκνυ / Δεῖξον | τέχνην τινὰ ἐπιστάμενος καὶ | ἐπαινεθήσῃ. / εὐδοκιμήσεις. |

   > „dann": s.u. XIV Satz 9.

3.

   > νικῶν im Sinne von νικῶ = „ich bin Sieger" [BR 213.4b; LF 116.3 Anm.], resultatives Präsens, s. Anhang I, 1.
   > λυποῦμαι ... τοῖς ἀθληταῖς ... οὐ νικήσασιν: Bei Verben der Gemütsbewegung kann das Partizip nicht nur auf das Subjekt [BR 243.2], sondern auch auf ein Objekt bezogen sein.
   > ἡμετέρας: betontes Possessivpronomen (nicht τῆς πόλεως ἡμῶν), weil diese Stadt im Gegensatz zu Korinth steht.

4. Εἰ καὶ (τοὺς) ἀνθρώπους λανθάνομεν ἀδικοῦντες, ἁμαρτάνοντες, πλημμελοῦντες, τόν γε θεὸν / θεόν γ' οὐ λήσομεν.

> „sündigen": • ἁμαρτάνω, πλημμελέω allg. sich verfehlen
> • ἀδικέω (τινά) Unrecht tun, Gewalt antun
> • ἀσεβέω freveln (religiös)
> • ὑβρίζω (τινά) brutale Übergriffe unter Verletzung von Ehre und Würde
> γε: diese Partikel hat einschränkenden Sinn, „jedenfalls, wenigstens".

5. Σὺ (μὲν) ἦρξας κακῶς ποιῶν / κακουργῶν / ἀδικῶν / κακῶς ποιήσας / κακουργήσας / ἀδικήσας ἡμᾶς, ἡμεῖς δ' ἔπειτα ἐτιμωρησάμεθα.

> Zum Gebrauch der Personalpronomina im Nominativ s. Bd. 1,91 Satz 1.

6. Ἐπεὶ ἄρτι ἄρχομαι μανθάνων τὴν Ἑλληνίδα / Ἑλληνικὴν / τῶν Ἑλλήνων γλῶτταν, / Ἑλληνιστί, οὐ πάντα γιγνώσκω / συνίημι / μανθάνω ἃ λέγεις.

> „Sprache": s. Wortfeld Bd. 1,129 Satz 2.
> „verstehen": s. Wortfeld Bd. 1,111 Satz 8.

7. Οἱ Ἀθηναῖοι ἐπεὶ λόγοις διαλεγόμενοι πρὸς τοὺς Μηλίους / τοῖς Μηλίοις οὐδὲν διεπράττοντο, διεπράξαντο, ἤνυτον, ἤνυσαν, πολιορκεῖν ἤρξαντο τὴν πόλιν.

> Der Satz bezieht sich auf den Melierdialog bei Thukydides (V 85-113).
> διεπράττοντο/διεπράξαντο: Der Aorist ist effektiv (auf das Endergebnis bezogen), das Imperfekt durativ (auf den Verlauf bezogen, mit der Negation verbunden: trotz langer Bemühungen); s. Anhang I, 1. und 2.

VI Partizip

8. | Φαίνεται | μὲν ὁ πολέμιος ἔτι βουλεύεσθαι, εἰ ἡμῖν | ἐπιθῆται,
   | Δοκεῖ | | ἐπιθήσεται,

   ἐγὼ δὲ οἶδα (γιγνώσκω) αὐτὸν ἡμᾶς ἀπατῶντα.

   > „Feind": s.. Wortfeld „feindlich" Bd. 1,65 Satz 2.
   > φαίνομαι: Wortfeld „scheinen" s.o. V Satz 7.

9. Οὐ παυσόμεθα πολιορκοῦντες τὴν πόλιν, πρὶν ἂν | ἀπο-
ἐκ-
ἀφῆτε | δῶτε

   τὴν τοῦ (ἡμετέρου) βασίλεως γυναῖκα | ἣν ἡρπάσατε.
τὴν ὑφ' ὑμῶν | ἁρπασθεῖσαν.
ἡρπασμένην.

   > „ehe": nach verneintem Hauptsatz πρὶν ἄν + Konj. [BR 286.3b; LF 164δ und
   >   s.o. S. 42 Subjunktionen und Konstruktionen der Temporalsätze].
   > „herausgeben":   • ἐκδίδωμι ausliefern (vgl. *Ilias* III 459)
   >   • ἀποδίδωμι etwas Geschuldetes geben (Darlehen zurückgeben,
   >   Strafe oder Ersatz leisten, Preis zahlen, Dank abstatten)

10. Ἀλέξανδρος ἔγνω | οὐ δυνάμενος διαβῆναι | τὸν ποταμόν.
    | οὐκ ἂν διαβάς |
    | ὅτι οὐκ ἐδύνατο διαβῆναι |
    | οὐκ ἂν διαβαίη |

   – Ἀλέξανδρος ἔγνω | τὸν ποταμὸν ἀδιάβατον ὄντα.
    | ὅτι ὁ ποταμὸς ἀδιάβατος ἦν.

   > ἂν διαβάς und ἂν διαβαίη: Potentialis im Sinne von „können", s.o. III Satz 10.

11. Αὐτὸς ἤκουσα Δημοσθένους | ἀγορεύοντος
λέγοντος
λόγους ποιουμένου | περὶ τῆς τῶν

    Ῥοδίων ἐλευθερίας.

   > Der Satz bezieht sich auf die 15. Rede des Demosthenes.
   > „eine Rede halten": Wortfeld s.o. V Satz 8.
   > „Rhodos": Wenn von einem Staat die Rede ist, wird im Griechischen meist
   >   der Name der Bürger gebraucht (οἱ Ῥόδιοι); s. Bd. 1,67 Satz 11.

12. Ἴσμεν πάντες | Σωκράτη(ν) προσποιούμενον | οὐδὲν εἰδέναι
             | ὅτι Σωκράτης προσεποιεῖτο |

   εἰ μὴ αὐτὸ τοῦτο, | οὐδὲν εἰδότα (ἑαυτόν). |
                    | οὐδὲν εἰδώς. |

   ➤ Der Satz bezieht sich auf das „sokratische Nichtwissen", dessen philosophischer Sinn (Skeptizismus?) sehr umstritten ist. Es wird gewöhnlich auf die Formel gebracht: σύνοιδα ἐμαυτῷ οὐδὲν εἰδότι „ich bin mir bewußt, daß ich nichts weiß".

13. Κίμων ἐν τοῖς κήποις φύλακα τῶν καρπῶν οὐκ ἔταττεν, ὥστε τῷ βουλομένῳ τῶν πολιτῶν ἐξῆν λαμβάνειν, εἴ τινος | τυγχάνοι | δεόμενος.
                                                                                                                  | ἐτύγχανε |

   ➤ Quelle: Theopomp, *FGrHist* 115 F 89.
   ➤ „seinen Gärten": statt des Possessivpronomens genügt der Artikel.
   ➤ Erinnerung: ὥστε ἐξῆν: finites Verb nach wirklich eingetretener Folge [BR 275.1; LF 166].
   ➤ βουλομένῳ: s. Wortfeld „wollen" Bd. 1,116 Satz 5.

VII Fragesätze (direkt und indirekt)

Bornemann-Risch § 266 und 272; Lindemann-Färber § 136

C Lösungen

1. Ἐν τίνι πόλει ἐσμέν; πόση ἐστίν; πόσους ἔχει (τοὺς) ἐνοικοῦντας καὶ ποίους; (πότερον) φιλοξένους ἢ ἀξένους; τίς ἡμᾶς ξενιεῖ;

> „Bewohner": οἱ ἐνοικοῦντες; οἱ πολῖται würde auf Vollbürger einschränken und Frauen, Sklaven und Metöken ausschließen.
> Die Fragen sind asyndetisch gereiht; das wirkt drängend. Siehe Anhang II, 3e.

2. Εἰπέ μοι, ἐν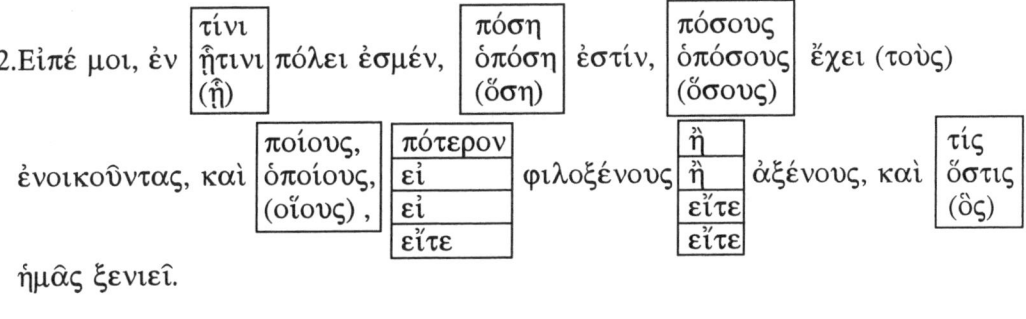

ἡμᾶς ξενιεῖ.

3. Ἠρόμην, ἐν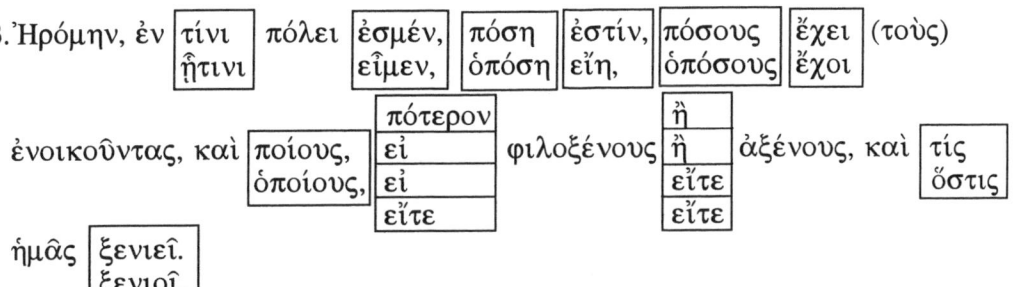

> ἐσμέν: nicht ἦμεν; in indirekten Fragesätzen wird das Tempus der direkten Frage meist beibehalten.

4. Τί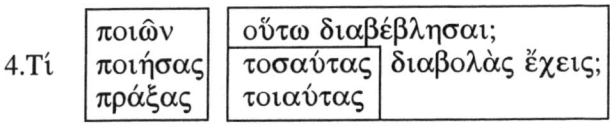

Τί ἐποίησας ὥστε οὕτω διαβεβλῆσθαι;

> ὥστε mit Infinitiv nach Verben des Bewirkens [BR 275.2b].

5. Ἐὰν ἀσθενής τις | ἰσχυροτέρῳ | ἐρίζῃ, ὁ δ' ἰσχυρότερος
                    | πρὸς ἰσχυρότερον |

| δῆλος ᾖ | ἀδικῶν,
| δῆλον ᾖ | ὅτι ἀδικεῖ, | ποτέρῳ | ἐπικουρήσεις;
| δῆλον ᾖ | ὅτι ἀδικεῖ, | | βοηθήσεις;

> Zu den Konstruktionen bei δῆλός εἰμι s. BR 243; LF 192e und oben VI Satz 1.
> „helfen": s. Wortfeld Bd. 1,92 Satz 4.

6. Πόθεν ἥκεις, καὶ (διὰ) τί τεθορύβησαι; πόσον δὲ χρόνον ἐνθάδε μενεῖς;

> „aufgeregt (sein)": Das Griechische hat kein so allgemeines Wort, aber viele für einzelne
emotionale Zustände, z.B:
• τεθορύβημαι   ⎫ θerregt, verwirrt, in Panik sein
• διατετάραγμαι   ⎭
• ἐκπέπληγμαι   ⎫ erschrocken, im Schock sein
• ἐπτόημαι   ⎭
• συγκέχυμαι   in verworrener, unklarer Gemütslage sein
• περιπαθής   leidenschaftlich erregt
• μετέωρος   in gespannter Erwartung

7. | Ἆρα | ἕτοιμος εἶ
   | Ἦ | πρόθυμος εἶ | πάντας τοὺς πόνους τῆς πορείας | φέρειν;
   | / | ἐθέλεις | ἀνέχεσθαι;

> τοὺς πόνους τῆς πορείας: Stellung des Attributs nach der Regel Bd. 1,88 Satz 2b.

8. | (Ἆρα) μὴ | (ὁ) πόλεμος | ἐγένετο, | ἢ (διὰ) τί οὕτω | βοῶσιν
   | Μῶν | | συνέστη, | | κραυγάζουσιν
   | | | ἤρξατο, |
   οἱ ἄνθρωποι;

9. Ἐκπλαγεῖσαι αἱ γυναῖκες ἐπύθοντο εἰ (μὴ) πόλεμος | ἐγένετο.
                                                      | γένοιτο.

10. (Ἆρ') οὐ Σωκράτης ἐστὶν ὁ ἐκεῖ διαλεγόμενος τοῖς νέοις;

VII Fragesätze (direkt und indirekt)

11. Ὁ ξένος 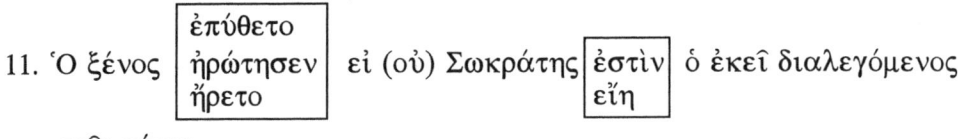 τοῖς νέοις.

> ἐπύθετο (ἠρώτησεν, ἤρετο): Es wäre auch das Imperfekt möglich, s. Anhang I, 1 (Sonderfälle, Imperfekt).
> In indirekten Fragesätzen wird das οὐ oder μή der „Suggestivfragen" meist weggelassen.

12.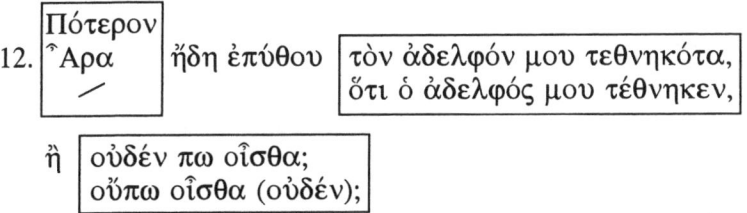

> Zur Konstruktion von πυνθάνεσθαι s. BR 244.1 Anm. 3.

13. Ἀγνοῶ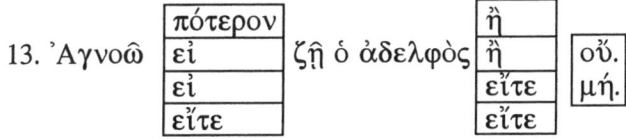

> Der Akzent von οὔ nach BR 10.2b; ZF 22.6 Anm. 1.

14. Ἐπειδὴ πρὸς τρίοδον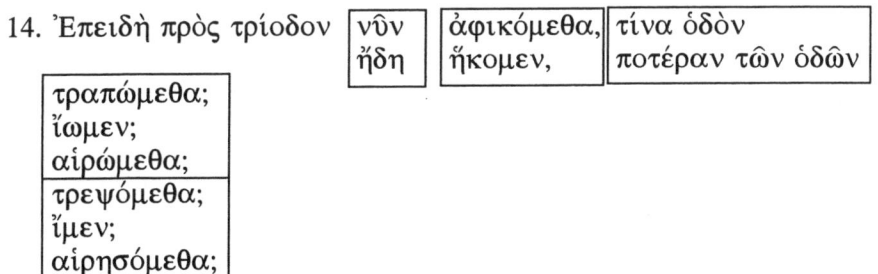

τραπώμεθα;
ἴωμεν;
αἱρώμεθα;
τρεψόμεθα;
ἴμεν;
αἱρησόμεθα;

> „jetzt": Wortfeld s.o. I Satz 8.

15. Ἆρ᾽ | (ἐ)χρῆν / ἔδει | ἡμᾶς ἑκόντας | ἐνδιδόναι; / (ὑπ)είκειν; / ὑφίεσθαι;

> „nachgeben": • ἐνδίδωμι nachgeben, eher freundschaftlich
>   • (ὑπ)είκω zurückweichen, unter Druck
>   • ὑφίεμαι seine Ansprüche zurückstecken (auch: „Segel einziehen")
>   • συγχωρέω Platz machen, konzedieren

16. Σόλων | παρὰ πότον / ἐν συμποσίῳ | ἐρωτηθείς, πότερον διὰ λόγων σπάνιν | σιγᾷ / σιγῴη | ἢ διὰ μωρίαν, Τίς ἄν, ἔφη, μῶρος παρὰ πότον σιγῴη;

> σιγᾷ: Der Indikativ ist vorzuziehen, damit ein Kontrast zum folgenden σιγῴη entsteht.

VIII Abhängige Aussagesätze

Bornemann-Risch § 269; Lindemann-Färber § 162

C Lösungen

1. Οἱ μισθοφόροι | ᾤοντο / ἡγοῦντο / ἐνόμιζον | μὲν | τὴν στρατείαν ἐπὶ τοὺς Κίλικας εἶναι· / ὡς ἡ στρατεία ἐπὶ τοὺς Κίλικας ἐστίν· / εἴη·

ἐπεὶ δὲ εἰς τὴν Κιλικίαν | ἀφίκοντο, / ἧκον, | Κῦρος μεταπεμψάμενος
ἀφικομένων δὲ εἰς τὴν Κιλικίαν,

τοὺς ἡγεμόνας / τοὺς στρατηγοὺς | εἶπε / ἔφη | ὅτι ἡ στρατεία ἔσται / ὡς ἡ στρατεία ἔσοιτο / τὴν στρατείαν ἔσεσθαι | ἐπὶ βασιλέα.

> Text in Anlehnung an Xenophon, *Anabasis* 1.4.11.
> ᾤοντο ... ὡς: Nach den Verben des Glaubens und φημί steht in der Regel der Inf. (AcI) [BR 269A.1], manchmal auch ὡς, fast nie ὅτι.
> „glauben": • οἴομαι meinen, betont subjektiv, oft irrig
>   • ὑποπτεύω einen Verdacht (ὑποψία) haben, ahnen (nicht immer negativ), vermuten
>   • πείθομαι im Vertrauen auf andere
>   • πιστεύω, πέπεισμαι fest überzeugt sein
>   • ὑπολαμβάνω annehmen, nach Art einer Hypothese
>   • νομίζω urspr. einen Brauch (νόμος) ausüben, dann von Überzeugungen, nach denen man praktisch handelt
>   • ἡγέομαι ähnlich: glauben mit praktisch ausreichender Sicherheit
> ὡς ... ἐστίν: In abhängigen Aussagen wird das Tempus des direkten Aussagesatzes beibehalten.
> ἀφικομένων: Beim *Genetivus absolutus* kann das Subjekt entfallen, wenn es aus dem Zusammenhang hervorgeht [BR 246 Anm. 2].
> ἔφη: Außer der Konstruktion mit AcI ist danach auch ὡς möglich, aber nicht ὅτι.

2. Ὑποπτεύει μὲν Κλεῖτος | (ἐ)μὲ | ἐχθρὸν ἑαυτῷ / ἐχθρὸν αὐτῷ / ἐχθρόν οἱ | εἶναι, | σφάλλεται δέ.
   | ὡς | ἐχθρὸς ἑαυτῷ / ἐχθρὸς αὐτῷ / ἐχθρός οἵ | εἰμι, |

86 Lösungen

3. Πρωταγόρου ἐρωτῶντος,

τίς	ἂν δείξαι/-ειε		ἑαυτῷ
ὅστις	δεῖξαι	δύναται	οἱ
		δύναιτο	αὐτῷ
	δείξει/δείξοι		

τὴν Σωστράτου οἰκίαν, παῖς τις ὃς

πλησίον ὢν	ἐτύγχανεν	ἔλεξεν
παρών		εἶπεν

ὅτι υἱός	εἰμι			μοι
	ἐστι	τοῦ Σωστράτου καὶ Ξάνθιππός		ἑαυτῷ
	εἴη			αὐτῷ
υἱὸς εἶναι				οἱ

ὄνομά	ἐστι	καὶ	ἀκολουθήσω	ἐπὶ	τὴν τοῦ πατρὸς (οἰκίαν).
	ἐστι		ἀκολουθήσει	πρὸς	
ὄνομα	εἴη		ἀκολουθήσοι		
	εἶναι		ἀκολουθήσειν		

> „können" kann hier entweder modal oder als „imstande sein" aufgefaßt werden. Im zweiten Fall genügt auch ein Potentialis oder der Indikativ Futur.
> οἰκία entfällt oft durch Ellipse; häufig bei stehenden Wendungen wie εἰς Ἅιδου ἰέναι „in den (das Haus des) Hades gehen"; s. Bd. 1,69 Satz 5.

4.

Δῆλον	δὴ	ὅτι	ὁ παῖς μέγα	ἐφρόνει	ὅτι συνέβη αὐτῷ	ἡγήσασθαι
						ἡγεῖσθαι
Δῆλος	οὖν	ἦν		φρονῶν	ἡγούμενος/ἡγησάμενος	

Εἰκὸς οὖν τὸν παῖδα μέγα φρονεῖν ἡγούμενον/ἡγησάμενον

(ἐκείνῳ) τῷ

λαμπρῷ ἀνδρί.
ἐνδόξῳ ἀνδρί.

> „natürlich":
>   • δῆλον (φανερόν) ὅτι ⎫ „offensichtlich"
>   • δῆλος (φανερός) + Part. ⎭
>   • εἰκός + Inf. „wahrscheinlich, normal" (d.h. der allgemeinen Lebenserfahrung entsprechend)
>   • ἀνάγκη + Inf. „notwendig, zwangsläufig" (d.h. es gibt keine Alternative)
> μέγα φρονέω „stolz sein" kann als Verb der Gemütsbewegung mit Partizip konstruiert werden.

VIII Abhängige Aussagesätze 87

5. Πυθαγόρας σαφῶς ἀπέδειξε καὶ | οὐδὲ παῖς ἀγνοεῖ | ὅτι
παῖς ὁστισοῦν οἶδε

τὸ τετράγωνον τὸ ἀπὸ τῆς τετραγώνου διαμέτρου διπλάσιόν | ἐστι
ὄν

τοῦ κατ' ἀρχὴν τετραγώνου.

> ὁστισοῦν: verstärktes verallgemeinerndes Relativpronomen [BR 69.4], wird auch als verallgemeinerndes Indefinitpronomen gebraucht: „jeder beliebige".
> κατ' ἀρχήν: Adverbielle Ausdrücke können attributiv (zwischen Artikel und Substantiv) stehen [BR 259.3; LF 9c].

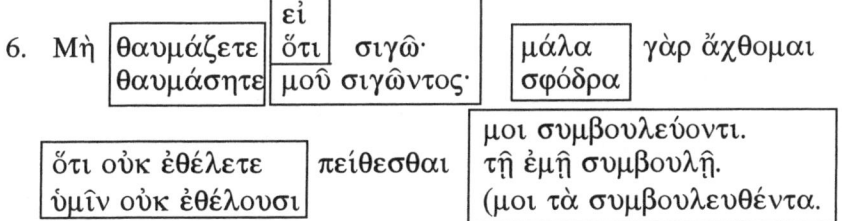

6. Μὴ | θαυμάζετε | εἰ | σιγῶ· | μάλα | γὰρ ἄχθομαι
     θαυμάσητε | ὅτι | μοῦ σιγῶντος· | σφόδρα

   | ὅτι οὐκ ἐθέλετε | πείθεσθαι | μοι συμβουλεύοντι.
     ὑμῖν οὐκ ἐθέλουσι | | τῇ ἐμῇ συμβουλῇ.
                                    (μοι τὰ συμβουλευθέντα.

> Erinnerung: Der Imperativ Aorist wird, wenn er verneint ist, durch den Konjunktiv ersetzt [BR 229; LF 135].
> θαυμάζω εἰ: bedeutet nicht nur „sich verwundert fragen, ob", sondern auch „sich wundern, daß etwas der Fall ist".
> „wollen": im Sinne von „bereit sein", s. Bd. 1,116 Satz 5.
> ἐμῇ: BR 67.4b.α.

IX Final- und Befürchtungssätze

Bornemann-Risch § 270, 271, 276; Lindemann-Färber § 163, 167

C Lösungen

1. Οὐχ | ἵνα / ὡς / ὅπως (ἄν) | ἐσθίωμεν | ζῶμεν, ἀλλ' | ἵνα / ὡς / ὅπως (ἄν) | ζῶμεν | ἐσθίομεν.
   ὡς ἐδόμενοι   ὡς βιωσόμενοι

> „leben": Wortfeld s.o. III Satz 15.
> „essen": s. Wortfeld Bd. 1,89 Satz 5.

2. Ζεὺς | ἐποίησε / ἤγειρε | τὸν | περὶ Τροίας / Τρωϊκὸν | πόλεμον, | ἵνα / ὡς / ὅπως (ἄν) / ὡς | τὴν γῆν

(τῆς) πολυπληθείας ἀνθρώπων | κουφίσῃ. / ἀπαλλάξῃ. / κουφίσειεν. / ἀπαλλάξειεν. / κουφιῶν. / ἀπαλλάξων.

> Dieser Plan des Zeus wird in den *Kyprien* als letzter Grund des trojanischen Krieges gesch…
> „um Troja": Statt einer präpositionalen Wendung steht oft ein Adjektiv (Ktetikon zum Orts…
> s. Bd. 1,148). Bei der Erwähnung bekannter Sachverhalte kann das Substantiv entfallen:
> „der trojanische Krieg" τὰ Τρωϊκά.

3a. Δέδοικα / Φοβοῦμαι / Ὀρρωδῶ | μὴ τὰ (πολιτικὰ) πράγματα ἀναγκάσῃ ἡμᾶς τοῖς βαρβάροις

σπείσασθαι. μᾶλλον γὰρ | φοβητέον (ἡμῖν) / δεῖ (ἡμᾶς) φοβεῖσθαι | τὴν δύναμιν τῆς πόλε…

ἐλαττοῦν / ἀσθενεστέραν ποιεῖν | ἢ τὴν κοινωνίαν τὴν τῶν Ἑλλήνων προδιδόναι.

3b. Δέδοικα μὴ τοῖς παροῦσι πράγμασιν ἠναγκάσμεθα ...

> „die politische Lage": s. Wortfeld „Politiker", Bd. 1,78 Satz 4.
> „Barbar": zur Semantik s. Bd. 1,81 Satz 1.
> φοβητέον: zum Gebrauch des Verbaladjektivs s. BR 249.2; LF 159.

4.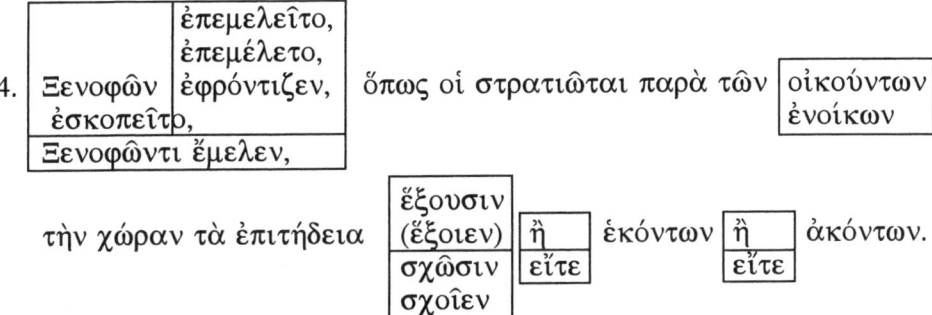

τὴν χώραν τὰ ἐπιτήδεια ἕξουσιν (ἕξοιεν) / σχῶσιν / σχοῖεν   ἢ / εἴτε ἑκόντων ἢ / εἴτε ἀκόντων.

> Hintergrund: Xenophons *Anabasis*
> „Bewohner des Landes": Substantivierte Partizipien behalten ihre verbalen Konstruktionen, in diesem Fall ein Akkusativobjekt.
> ἕξουσιν / σχῶσιν: Bei den *Verba curandi* drückt der Indikativ Futur objektiv-faktisch das erstrebte Ziel aus, der Konjunktiv subjektiv die persönliche Einstellung [LF 167.2].

5.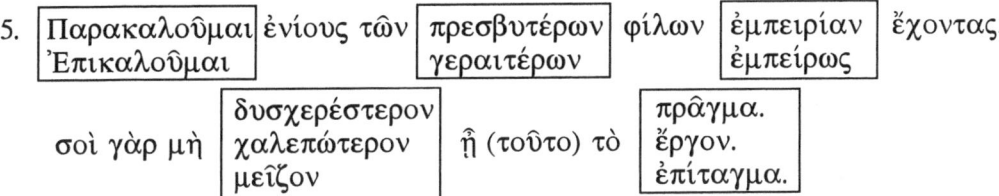

> Zum Futur von καλέω s. BR 96.2.
> „alt": s. Wortfeld Bd. 1,99 Satz 1. Zur Komparativform γεραιτέρων s. BR 59.3; ZF 83.3.
> ἔχοντας: Bei Eigenschaften, die nicht dauerhaft zum Wesen gehören, sondern einen Zustand (vorübergehend, akzidentiell) bilden, steht oft ἔχειν mit Adverb. ταῦτα καλῶς ἔχει „das ist in Ordnung" [BR 166; LF 107.4].
> „Arbeit": • τὸ πρᾶγμα die Sache, mit der man sich beschäftigt
> • ἡ πραγματεία die Beschäftigung mit etwas (auch: Abhandlung)
> • τὸ ἐπιτήδευμα die Tätigkeit
> • τὸ ἔργον produktive Tätigkeit
> • τὸ ἐπίταγμα Auftrag
> • ὁ πόνος Mühe

6. Οὗτος ὁ ἀνὴρ μὴ οὐχ ἱκανὸς ᾖ ἐν δεινοῖς (πράγμασιν) | ἡγεῖσθαι / προεστηκέναι / προεστάναι | τῆς πόλεως.

7. Οἶδα |ὅτι| τοῦτο τὸ ψήφισμα |κατὰ τοὺς νόμους / ἐννόμως| |ἐγένετο, / γενόμενον,| καὶ οὐ μὴ ἐπιχειρῶ |ἀνελεῖν / καταλῦσαι| αὐτό.

  ➢ „Beschluß": • τὸ ψήφισμα durch Abstimmung in der in Volksversammlung
       (ἡ ψῆφος „Stimmstein")
     • τὸ βούλευμα Planung eines Einzelnen oder einer Gruppe
     • ἡ γνώμη pers. Meinung, Absicht (s. Wortfeld „Meinung", Bd. 1,67 Satz 9).
  ➢ „versuchen": • ἐπιχειρέω unternehmen, Maßnahmen ergreifen
     • πειράομαι einen Versuch machen, bei unsicherem Ausgang

8. |Φοβοῦμαι / Δέδοικα| μὴ |ἄμπελος / τῶν ἀμπέλων| οὐδεμία ἀβλαβὴς |σωθῇ / (σῴζηται)| διὰ τοῦ |κρύους / ψύχους| |τούτου τοῦ χειμῶνος. / τοῦ νῦν χειμῶνος.|

9. Βουλόμεθα καὶ |ποθοῦμεν / ἐπιθυμοῦμεν / προθυμούμεθα| καὶ σπουδάζομεν ὡς τάχιστα εἰρήνην γενέσθαι.

  ➢ Reihungen von gleichgestellten Begriffen durch καί ... καί. Inhaltlich liegt hier eine
    Steigerung (Klimax) vor: vom unverbindlichen Wollen zum praktischen Handeln
    (s. Anhang III, 2.1.4).

10. Βουλευόμεθα καὶ παρασκευάζομεν, ὅπως ὡς τάχιστα εἰρήνη γενήσεται.

  ➢ Die *Verba voluntatis et causandi* mit Infinitiv [BR 233.1; LF 149] sind zu unterschei-
    den von den *Verba curandi*, auf die ὅπως mit Ind. Fut. folgt [BR 270; LF 167.2].

11. Οὐ(κ) | φοβοῦμαι / δέδοικα / ὀκνῶ | μέμφεσθαι ἀνθρώπους, | οὕς / οὓς ἄν | ἄφρονας / μώρους / ἀνοήτους

νομίζω.
ἡγοῦμαι.
κρίνω.
νομίζω.
ἡγῶμαι.
κρίνω.

> „unvernünftig": • ἄφρων unklug
    • μῶρος dumm (bes. von falscher Lebenseinstellung)
    • ἀνόητος unbedacht, gedankenlos
    • ἠλίθιος blöde (auch als Schimpfwort)
    • εὐήθης töricht (Euphemismus; eigentl. „gutmütig")
    • ἄλογος ohne Denkvermögen (ἄλογα sc. ζῷα „Tiere" im Gegensatz zum Menschen, dem ζῷον λογικόν), von Sachen: „sinnlos", in der Mathematik: „irrational" (Zahlen)
    • ἀμαθής ohne Kenntnisse oder Fähigkeiten

X   Konsekutivsätze

Bornemann-Risch § 275; Lindemann-Färber § 166

C   Lösungen

1. Φιλώτας | οὕτω μέγα / τοσοῦτον / τηλικοῦτον | ἐφρόνει, ὥστε ἀεὶ

   τὴν (ἑαυτοῦ) γνώμην ἀπεφαίνετο | σαφῶς. / φανερῶς.

   ἐπαρρησιάζετο.

   ➤ „so ... daß": Statt des Indikativs wäre auch der Infinitiv möglich (ἀποφαίνεσθαι, παρρησιάζεσθαι). Dann wäre diese Offenheit weniger als historische Tatsache hingestellt, denn als kausal notwendige Folge: „und dieser Stolz äußerte sich darin, daß...".
   ➤ „offen" braucht nicht eigens ausgedrückt zu werden, da es in den Verben enthalten ist.

2. Φιλώτας μεῖζον ἐφρόνει ἢ ὥστε Ἀλέξανδρον κολακεύειν.

3. Καλλίας οἰκίαν μεγάλην καὶ | λαμπρὰν μεγαλοπρεπῆ πολυτελῆ | εἶχεν, ἐκέκτητο,
   Καλλίᾳ οἰκία μεγάλη καὶ | λαμπρὰ μεγαλοπρεπής πολυτελής | ἦν, ὑπῆρχεν,

   ὥστε πολλοὺς (ξένους) ἐν αὐτῇ ἅμα | ξενίζειν. / ὑποδέχεσθαι.

   ➤ „konnte": wird durch den Infinitiv ausgedrückt; es kommt weniger auf das Faktum an als auf den Kausalzusammenhang.
   ➤ „prächtig": • λαμπρός hell, glänzend, prächtig
   • μεγαλοπρεπής eigentl. „einem großen Mann angemessen", großartig, erhaben
   • πολυτελής aufwendig, kostspielig, teuer
   ➤ καί: Zwei adjektivische Attribute werden durch καί verbunden, wenn sie in gleicher Sinnbeziehung zum Substantiv stehen. καί entfällt, wenn eines der Adjektive mit dem Substantiv einen Gesamtbegriff bildet (οἶνος ἐρυθρὸς ἀγαθός „ein guter Rotwein"). πολλοί wird mit einem anderen Adjektiv gewöhnlich durch καί verbunden: πολλαὶ καὶ εὐδαίμονες πόλεις „viele blühende Städte".

X Konsekutivsätze

4. Οἱ σοφισταὶ εἰς | τοῦτο | τόλμης | (προ)ῆλθον, | ὥστε διδάσκειν
   | τοσοῦτο | θράσους | ἀφίκοντο,

   ὑπισχνοῦντο, | τί | δεῖ τὸν πολιτευόμενον ποιεῖν, ὥστε εὖ πράττειν.
   | ὃ | ποιῶν ὁ πολιτευόμενος εὖ πράξει.

   ➤ „was": statt des Interrogativpronomens kann oft ein Relativpronomen stehen [BR 158 Anm. 2].
   ➤ „Politiker", s. Wortfeld Bd. 1,78 Satz 4.

5. Περικλῆς καὶ Κίμων διενείμαντο τὴν ἐν τῇ πόλει δύναμιν

   (οὕτως), ὥστε | τὸν μὲν (ἕτερον) ἄρχειν ἐν ἄστει, τὸν δὲ (ἕτερον)
   ἐφ᾽ ᾧ(τε)

   ἔχοντα τὰς τριήρεις πρὸς τὴν Ἀσίαν ἐπὶ τοὺς πολεμίους πλεῖν.

   ➤ „Stadt": • ἡ πόλις das gesamte Staatsgebiet und Staatswesen
     • τὸ ἄστυ der (ummauerte) Stadtkern
     vgl. das Wortfeld „Staat" Bd. 1,77 Satz 1
   ➤ „mit den Trieren": Erinnerung: die Begleitung durch Streitkräfte wird meist durch das Partizip ἔχων ausgedrückt.

6. Ἡ πρὸς μεσημβρίαν Λιβύη | ὑφ᾽ ἡλίου | διακέκαυται·
   | ἡλίῳ

   ὥστε τῶν ἐνοικούντων οἱ | πλεῖστοι | μέλανές | εἰσιν.
   | πολλοί | μελανόχρωτές

   ➤ Himmelsrichtungen: • im Osten: πρὸς ἕω, πρὸς ἀνατολάς (Adjektiv: ἑῷος)
     • im Süden: πρὸς μεσημβρίαν, πρὸς νότον (νότιος)
     • im Westen: πρὸς ἑσπέραν, πρὸς δύσιν (ἑσπέριος)
     • im Norden: πρὸς ἄρκτον, πρὸς βορρᾶν (βόρειος)
   ➤ Λιβύη: im engeren Sinn das Land westlich von Ägypten; in der Lehre von den Erdteilen (Εὐρώπη, Ἀσία, Λιβύη) auf ganz Afrika angewendet.
   ➤ „durchglüht": der technische Ausdruck für tropisches Klima ist διακέκαυμαι (resultatives Perfekt); ἡ διακεκαυμένη (ζώνη) „der tropische Klimagürtel". Dagegen ist ἡ τροπικὴ (ζώνη) astronomisch definiert: „der Gürtel zwischen den Wendekreisen (τροπαί)".

7. Τὸ θεῖον | μεῖζον / μεγαλοπρεπέστερον | (εἶναι) νομίζω ἢ ὥστε τῆς ἐμῆς δεῖσθαι | θεραπείας. / θρησκείας. |

> „Gottheit": Gegenüber (ὁ) θεός, das die persönliche Gottesvorstellung von Mythos und Kult nahelegt, drückt τὸ θεῖον die Unfaßbarkeit des göttlichen Wirkens aus.

XI Kausalsätze

Bornemann-Risch § 274; Lindemann-Färber § 165

C   Lösungen

1. Ἐπει(δή) με | πρότερον / τὸ πρὶν | πολλάκις ἐξενίζετε, | προθυμήσομαι καὶ σπουδάσομαι | (αὐτὸς) ὑμῖν | ἀγαθὸς χρηστός | εἶναι / γίγνεσθαι | ξενοδόκος.

2. Ἀνὴρ | φρόνιμος / σοφὸς / νοῦν ἔχων | φιλόξενός ἐστι | ἄλλως τε καὶ μάλιστα | (δι)ότι ἐπεὶ | λυσιτελεῖ συμφέρει | πολλαχοῦ τῆς γῆς φίλους ἔχειν.

> „hauptsächlich", „besonders": Eine feste Wendung ist ἄλλως τε καὶ „sowohl in anderer Hinsicht als auch (besonders)"; auch andere Formen von ἄλλος können so gebraucht werden, etwa δι' ἄλλα τε καὶ ὅτι „zumal da" [LF 28.3].
> „Vorteile bringen": s. Wortfeld „nützen" Bd. 1,121 Satz 1.
> πολλαχοῦ τῆς γῆς: zum Genetiv s. BR 177.1; LF 57 Anm. 2.

3. Λύσιππος τῆς οἰκίας ἐξῆλθεν | ἀχθόμενος / ἀχθεσθείς | ἡμῖν | ὅτι ἠνωχλοῦμεν / ἐνοχλοῖμεν / (ὡς) ἐνοχλοῦσιν | αὐτῷ μελετῶντι.

> ἀχθόμενος: „im Zorn", ἀχθεσθείς: „nachdem er in Zorn geraten war" (ingressiv).
> Beachte: ἐνοχλέω hat Doppelaugment [ZF 120.3c].
> „angeblich": Der *Optativus obliquus* drückt aus, daß der Inhalt des Nebensatzes ein Gedanke des übergeordneten Subjekts ist (wie im Deutschen ein Konjunktiv). Da der *Optativus obliquus* nur nach einem Nebentempus stehen kann, müßte dies nach einem Haupttempus anders ausgedrückt werden. Beispiel: Λ. ἐκ τῆς οἰκίας οἴχεται ἡγούμενος ὑφ' ἡμῶν ἐνοχλεῖσθαι.

4. Ἀλέξανδρος Δαρεῖον νικήσας ἐκέλευε τοὺς Ἕλληνας θεὸν αὐτὸν
   ἐπέστειλε τοῖς Ἕλλησι
ψηφίσασθαι. ἄλλοι μὲν οὖν ἄλλα ἐψηφίσαντο, Λακεδαιμόνιοι δὲ
τάδε· Ἐπειδήπερ Ἀλέξανδρος βούλεται θεὸς εἶναι, ἔστω θεός.

> „auffordern": s. Wortfeld Bd. 1,105 Satz 13. Dazu ferner: ἐπιστέλλω (+ Dat.) durch eine Botschaft, bes. brieflich (ἐπιστολή), auffordern.
> „die einen ... dieses, die anderen jenes": ἄλλοι/ἄλλα [LF 28.4]. Zu anderen Arten der Distribution s. Bd. 1,75 Satz 4.

XII Konditional- und Konzessivsätze

Bornemann-Risch § 277-284; Lindemann-Färber § 168-171

C Lösungen

1. Σόλων οὐκ | ηὐδαιμόνιζεν / ἐμακάριζεν | ἄνθρωπον / οὐδένα |, εἰ μὴ | διὰ παντὸς τοῦ βίου / πάντα τὸν βίον | μεχρὶ θανάτου | εὐδαίμων | ἦν. / ἐγένετο. | ηὐδαιμόνει. / ηὐδαιμόνησεν.

   ➢ Der Satz gibt den Grundgedanken der Solon-Kroisos-Episode in Herodots *Historien* (1,30-33) wieder. Zum Begriff „glücklich" s. Wortfeld Bd. 1,75 Satz 4. Bei Herodot wird überwiegend das poetisch-ionische Wort ὄλβιος gebraucht. Zur Begriffsunterscheidung von εὐτυχής (τύχη = Glück als Zufall) vgl. Hdt. 1.32.7: πρὶν δ' ἂν τελευτήσῃ, ἐπισχεῖν μηδὲ καλέειν κω ὄλβιον, ἀλλ' εὐτυχέα „bevor (ein Mensch) gestorben ist, muß man sich zurückhalten und ihn noch nicht ‚glücklich' sondern ‚vom Glück begünstigt' nennen".

2. Εἴ τις ἡμᾶς ἔροιτο, | τί ἐστιν (ἡ) φιλοσοφία, / ἡ φιλοσοφία τί ἐστιν, | τί ἂν ἀποκριναίμεθα αὐτῷ;

   ➢ Erinnerung: Als Abstraktum steht „Philosophie" in der Regel ohne Artikel [BR 149.4; LF 21c], vgl. Bd. 1,85 Satz 5.
   ➢ τί ἐστιν: Nach der Kongruenzregel müßte es heißen τίς ἐστιν. Es gibt aber Ausnahmen, vor allem bei Definitionsfragen [BR 257.3; LF 7 Anm.]. – Durch die Voranstellung von ἡ φ. (ob dieses Substantiv als Subjekt oder Prädikatsnomen fungiert, ist eine offene Frage) wird der logische Ablauf verdeutlicht: der Thema-Begriff steht voran, dann folgt die Fragestellung.

3. | Φυλάττου / Εὐλαβοῦ | (τὰς) διαβολάς, | καὶ εἰ φαίνονται | μὴ ἀληθεῖς | οὖσαι. |
		κἂν φαίνωνται		
		καὶ φαινομένας		οὖσας.
		καὶ εἰ	δῆλον / φανερὸν	ὅτι οὐκ ἀληθεῖς (εἰσιν).

4. Ὁ νεανίας | εἰ καὶ ηὐπόρει / καίπερ εὐπορῶν | χρημάτων, (ὅμως) | ἠθύμει. / οὐκ ηὐθύμει.

5. Ἡρόδοτος ἐν (τῷ) ἑβδόμῳ [βιβλίῳ / λόγῳ] [λέγει / γράφει] τάδε· Εἰ οἱ Ἀθηναῖοι [δεδιότες / φοβούμενοι] τοὺς Πέρσας [κατέλιπον / ἐξέλιπον] [τὴν πατρίδα / τὴν ἑαυτῶν (γῆν)] ἢ καὶ [ἐξεχώρησαν / ἐξῆλθον] [τῆς πατρίδος / τῆς ἑαυτῶν (γῆς)] [μείναντες / μένοντες] [παρέδοσαν ἑαυτοὺς / προσεχώρησαν] βασιλεῖ, κατὰ θάλατταν μὲν οὐδεὶς ἂν [ἀντέχειν / ἀνθίστασθαι / ἐναντιοῦσθαι] αὐτῷ ἐτόλμησεν. κατὰ γῆν δ᾽ ἐγένετ᾽ ἂν τάδε· οἱ Λακεδαιμόνιοι, εἰ καὶ τεῖχος [κατεσκεύασαν / ᾠκοδόμησαν] διὰ (μέσου) τοῦ Ἰσθμοῦ, [(ἐγ)καταλειφθέντες / προδοθέντες / μονωθέντες] ὑπὸ τῶν συμμάχων [ἀνδρείως ἂν (δια)μαχεσάμενοι / ἄνδρες ἀγαθοὶ ἂν γενόμενοι] [ἅπαντες / σύμπαντες] [εὐκλεῶς / λαμπρῶς] [ἀπέθανον. / ἐτελεύτησαν. / ἔπεσον.] νῦν δὲ οὐκ ἂν ἁμαρτάνοι τις [τοῦ ἀληθοῦς, / τῆς ἀληθείας,] εἰ [λέγοι / φαίη / ἀποφαίνοιτο / διισχυρίζοιτο / κρίνοι] τοὺς Ἀθηναίους γενέσθαι [σωτῆρας τῆς Ἑλλάδος / τοὺς σώσαντας τὴν Ἑλλάδα] τολμήσαντας [μάχεσθαι / ἀγωνίζεσθαι / ἀμύνεσθαι] καὶ [ἀθροίσαντας / συλλέξαντας / (συν)αγείραντας] [τῆς λοιπῆς / ἄλλης] Ἑλλάδος [τὴν δύναμιν. / τὸ κράτος.] / τὴν λοιπὴν δύναμιν / τὸ λοιπὸν κράτος τῆς Ἑλλάδος.

➤ Zitierende Einschübe in wörtlicher Rede beschränken sich auf ἔφη (u.ä.), allenfalls mit folgendem Subjekt. Daher die Umformulierung zu Anfang.
➤ ἄνδρες ἀγαθοὶ γενόμενοι: „indem sie sich als tapfere Männer erwiesen", eine häufige Formel im Nachrufen auf Gefallene (Inschriften, Grabreden).
➤ τοὺς σώσαντας: Das Prädikatsnomen erhält den Artikel, wenn es ein substantiviertes Partizip ist [BR 149.1 Anm.; LF 17b]; s. Bd. 1,109 Satz 2.
➤ „Kampf": s. Wortfeld „kämpfen" Bd. 1,81 Satz 1.

XII Konditional- und Konzessivsätze 99

➢ γενέσθαι, τολμήσαντας, ἀθροίσαντας: Hier wären auch Präsensformen möglich (εἶναι, τολμῶντας, ἀθροίζοντας). Dies wäre der durative Aspekt: verweilende Schilderung. Aber da hier ein Resumé gezogen wird, ist der komplexive Aorist passender, s. Anhang I, 2.

6. Παῖς (τις) Λακεδαιμόνιος, ἐπεὶ | ἔμελλε | πραθήσεσθαι, πιπράσκεσθαι, πωλεῖσθαι, πραθῆναι, | εἰπόντος τινὸς
   | ἐπωλεῖτο, |

„ Ἆρα καὶ χρήσιμος ἔσῃ, | εἴ σε ὠνήσομαι;" ἐάν σε πρίωμαι;" | ἀπεκρίνατο·

„καὶ εἰ μή με ὠνήσῃ."
„καὶ ἐὰν μή με πρίῃ."
„κἂν

➢ ἔμελλε: μέλλω + Inf. Fut.: es ist in Zukunft zu erwarten
   + Inf. Präs.: es steht unmittelbar bevor
   + Inf. Aor.: der Anfang (ingressiv) oder Abschluß (effektiv) der Handlung steht bevor
➢ ἐπωλεῖτο: das Imperfekt drückt den Verlauf einer noch nicht abgeschlossenen Handlung aus.
➢ Dieses Apophthegma (bei Plutarch, *Apophthegmata Laconica* 234C) spielt mit der doppelten Bedeutung von χρήσιμος: a) nützlich (für einen Zweck), b) tüchtig, leistungsfähig (z.B. Xenophon, *Res publica Lacedaemoniorum* 5.9).

7. Οἱ ἄνδρες τῆς κώμης | ἐνίοτε ἔστιν ὅτε | ὗν ἄγριον ἐθήρευον, καὶ εἰ | εἷλον, ἐθήρευσαν, θηρεύσειαν, ἕλοιεν,

πᾶσα ἡ κώμη | τρεῖς ἡμέρας διὰ τριῶν ἡμερῶν | ηὐωχεῖτο καὶ | ἑώρταζεν. ἑορτὴν | ἦγεν. ἐποιεῖτο.

➢ οἱ ἄνδρες τῆς κώμης: Das Attribut ist prädikativ gestellt, weil die Betonung auf „Männer" liegt (nicht die Frauen und Kinder des Dorfes); s. Bd. 1,88 Satz 2b.
➢ ἐθήρευον: conatives Imperfekt, im Gegensatz zum folgenden effekt. Aorist (vgl. Anhang I).
➢ ὗς überwiegt im Attischen, σῦς in anderen Dialekten.
➢ Optativ als „Iterativ der Vergangenheit" [BR 279 Anm. 2 nur am Rand erwähnt; ist aber häufig und wird in anderen Grammatiken als regulärer Fall betrachtet, so LF 169].
➢ Erinnerung: πᾶσα ἡ κώμη: Die prädikative Stellung drückt die Gesamtheit der Teile aus (s. Bd. 1,89 Satz 4).

8.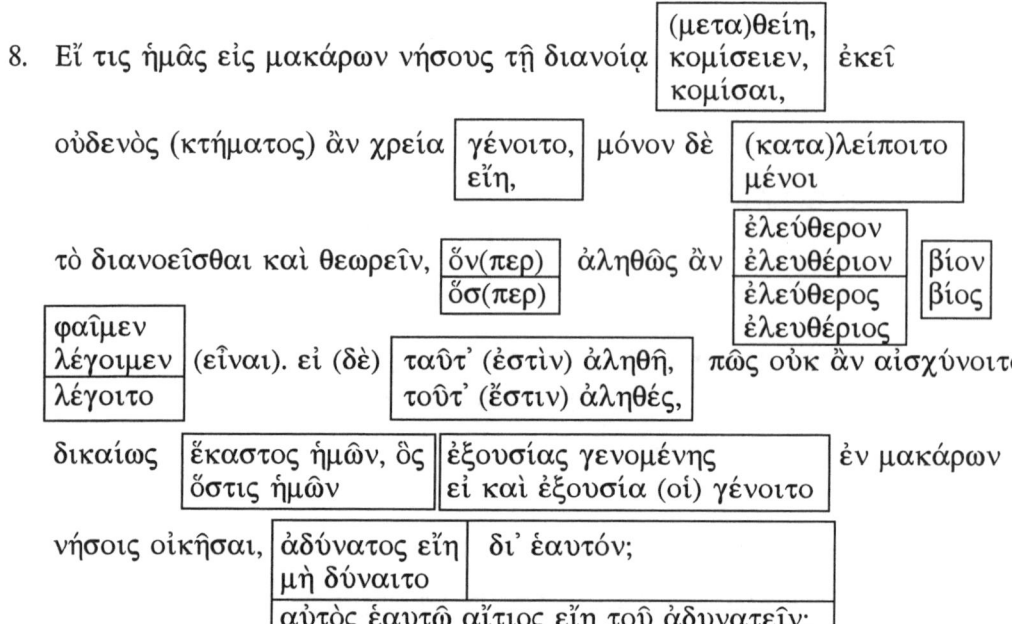

> Dieser Text stammt (leicht modifiziert) aus dem *Protreptikos* des Aristoteles (Fr. 12 Ross = 58 Rose³); er gehört zur Verherrlichung der *vita contemplativa*, des βίος θεωρητικός. Wer im Leben das zweckfreie Denken und Erkennen nicht geübt hat, ist ungeeignet für ein Leben „auf den Inseln der Seligen".
> μακάρων νῆσοι: stets ohne Artikel, wie ein Ortsname.
> καταλείποιτο: Aristoteles geht hier vom Potentialis zum Realis über (καταλείπεται, φαμεν), aus der Phantasievorstellung zu einer Tatsachendarstellung. Übergänge zwischen den kondizionalen Fällen sind häufig [BR 282].
> ἐλεύθερος frei, ἐλευθέριος zu einem freien Menschen passend.
> „man": zu den Übersetzungsmöglichkeiten s. Bd. 1,79 Satz 5.
> τοῦτ' ἔστιν: die Akzentuierung nach BR 138 Anm. 1 und ZF 162.1a.
> ἐξουσία οἱ γένοιτο: οἱ ist indirektes Reflexivum [BR 64.5; LF 26c].
> οἰκῆσαι: ingressiver Aorist, s. Anhang I, 2.
> ἀδύνατος εἴη: ein Relativsatz mit kondizionalem Sinn (ὅστις = εἴ τις) kann die Konstruktion eines Kondizionalsatzes annehmen [BR 290.4; LF 172.6], hier des Potentialis; daher auch die Negation μή.

XIII Temporalsätze

Bornemann-Risch § 286; Lindemann-Färber § 164

C   Lösungen

1a. Οἱ στρατιῶται, ἐπει(δή) | ἐδείπνησαν, δεῖπνον | εἵλοντο, ἐποιήσαντο, | (ἐξ)ὥρμησαν. (ἐξ)ὡρμήθησαν. ἐξεπορεύθησαν.

> „Mahlzeit": s. Wortfeld Bd. 1,136 Satz 10.
> Erinnerung: Ein Subjekt, das Neben- und Hauptsatz gemeinsam ist, wird vorangestellt.

1b. Οἱ στρατιῶται, ἐπεὶ | πρῶτον τάχιστα | κτλ.

1c. Οἱ στρατιῶται, | ἐπειδὰν | | δειπνήσωσιν, | ὁρμήσουσιν.
    ἐπειδὰν | πρῶτον τάχιστα | δεῖπνον | ἕλωνται, ποιήσωνται, | ὁρμήσονται.

2a. Περικλῆς | ἕως ἔστε ἄχρι μέχρι ἐν ᾧ | νέος ἦν, | (ἀντ)ηγωνίζετο (δι)εμάχετο ἀντέπραττε | τοῖς ὀλίγοις.

2b. Περικλῆς, | ὁπότε εἰ | καιρὸς γένοιτο, κτλ.

3. Ἐν ᾧ Περικλῆς νέος ἦν, ὁ μέγας σεισμὸς ὁ ἐν τῇ Εὐβοίᾳ ἐγένετο.

> „in Euböa": Attributive Wortstellung, wenn dies als Attribut (zur Identifizierung dieses Erdbebens) dienen soll: ὁ μέγας ἐν τῇ Εὐβοίᾳ σεισμός. Durch die Nachstellung des Attributs wird der Nachdruck erhöht [BR 150; LF 11a]: „nämlich das in E."
> Bei nicht-attributiver Stellung ὁ μέγας σεισμὸς ἐν τῇ Εὐβοίᾳ wäre der Ausdruck eine adverbiale Bestimmung zu ἐγένετο: „ereignete sich in Euböa".

4. (Ἀνα)μένετε, / (Ἀνα)μείνατε | οὗ / ὅπου | ἐστέ, | ἕως / ἔστε / ἄχρι / μέχρι | ἂν | ἔλθω. / ἀφίκωμαι. / ἥκω.

> „kommen": s. Wortfeld Bd. 1,113 Satz 5.

5. Ὅτε / Ὁπότε / Ἡνίκα | Περικλῆς | ἀγορεύοι / λέγοι / δημηγοροίη / λόγους ποιοῖτο | οὐδεὶς τῇ πειθοῖ αὐτοῦ ἀντεῖχεν. / οὐδεὶς ἦν, ὅστις αὐτῷ οὐκ ἐπείσθη.

> „reden": Wortfeld s.o. V Satz 8.
> ὅστις αὐτῷ οὐκ ἐπείσθη: Konsekutive Relativsätze stehen im Indikativ [vgl. BR 290.2; LF 172.1γ und 3β2]. – Nach negiertem Hauptsatz steht i. d. R. das zusammengesetzte Relativpronomen ὅστις [BR 157.1 Anm. 1].

6. Ὁ γεωργὸς τρὶς ἀροῖ τὸν ἀγρόν, πρὶν σπείρειν τὸν σῖτον.

7. Ὁ γεωργὸς οὐ σπείρει τὸν σῖτον, πρὶν | τρὶς ἤροσε / ἂν τρὶς ἀρόσῃ | τὸν ἀγρόν.

8. Μὴ | κατακλιθῇς, / κοιμηθῇς, | πρὶν ἂν | τὰς θύρας πάσας / πάσας τὰς θύρας | ἀπο- / κατα- | κλείσῃς.

> Wenn der Satz als allgemeingültige Regel gemeint ist, muß er lauten:
> Μὴ κατακλίνου ....

9. Ἀχιλλεὺς οὐκ ἐπαύσατο | ὀργιζόμενος, / τῆς ὀργῆς, | πρὶν Πάτροκλος,

ὁ φίλος (αὐτοῦ), ὑφ' Ἕκτορος ἀπέθανεν.

> Erinnerung: Das Passiv zu ἀποκτείνω (= töten) wird durch ἀποθνῄσκω ersetzt, s.o. II 1 Satz 7.

XIV Relativsätze

Bornemann-Risch § 157, 288-291; Lindemann-Färber § 172-173
Zinsmeister-Färber § 99

C   Lösungen

1. Οἱ Μακεδόνες Φιλίππῳ τῷ βασιλεῖ, ὃς πᾶσαν τὴν Ἑλλάδα [ὑφ' ἑαυτῷ ἐποιήσατο, κατεστρέψατο, ὑποχείριον ἐποίησεν, ἐδούλωσεν,] εἰς τὸν τάφον [εἰσέθεσαν, εἰσήνεγκον,] [ἃ / ὅσα] ζῶντι φίλτατα ἦν, τά τε ὅπλα καὶ ἐκπώματα πολυτελῆ.

   ➢ Das Grab Philipps II. (gest. 336 v.Chr.) und seine Schätze wurden 1977-82 in Vergina (Makedonien) ausgegraben.
   ➢ „unterworfen hatte", „lieb gewesen war": Vorzeitigkeit wird im Griechischen nicht ausgedrückt (s. Anhang I, „Keine relativen Zeitstufen"). Der Aorist hat effektive Bedeutung, das Imperfekt durative.

2. Εἰς τοὺς τῶν Ἑλλήνων ἀγῶνας [ἄνθρωποι παμπληθεῖς / ἀναρίθμητοι / μύριοι / ἄπειρον πλῆθος ἀνθρώπων] [συνῇσαν, συνεγίγνοντο, ἠθροίζοντο,] ὧν τὰ ὀνόματα οὐδεὶς ἂν καταλέγοι, καὶ [ἔστιν οἷς / ἐνίοις] (ἡ) τοιαύτη πανήγυρις κάλλιστον ἐδόκει εἶναι ὧν ἐν τῷ βίῳ εἶδον.

   ➢ „Bei den Wettspielen": Bei Verben des Ankommens steht die Ortsbestimmung auf die Frage „wohin?", s. Bd. 1,113 Satz 5 [BR 199.1; LF 96 Anm.].

3. [Ὅς / Ὅστις] ἂν μὴ πείθηται (τοῖς) θεοῖς, τούτου [οὐκ (ἐπ)ακούουσιν. / οὐχ ὑπακούουσιν. / οὐκ ἤκουσαν.]

   ➢ Erinnerung: In sprichwortartigen (gnomischen) Sätzen kann der gnomische Aorist stehen [BR 212; LF 119.3d].

4.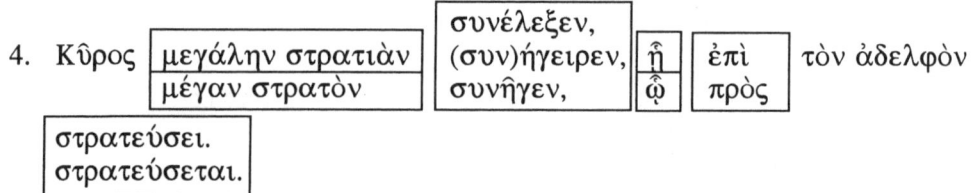

στρατεύσει.
στρατεύσεται.

> „versammeln": • συλλέγω betont das selektive Sammeln (λέγω)
> • συνάγω die Autorität, Führungskraft (ἄγω)
> • ἀγείρω die Überredungskraft (ἀγείρω auch von einer Geld-Kollekte)
> • ἀθροίζω die versammelte Menge (ἀθρόος)

5.
Ἔστιν ὅστις ἐνενόει
Ἔστιν	οἳ ἐνενόουν	ὅτι
Εἰσὶν		

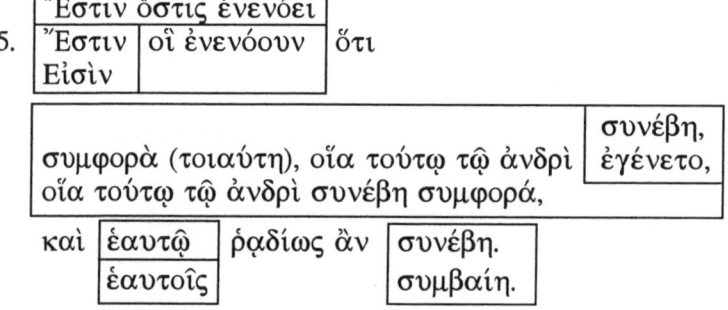

> „denken an": s. Wortfeld Bd. 1,129 Satz 1.
> ἂν συνέβη: Irrealis, hier dominiert der Gedanke: „es ist glücklicherweise nichts geschehen."
> ἂν συμβαίη: Potentialis, dann dominiert der Gedanke an die mögliche Gefahr.

6.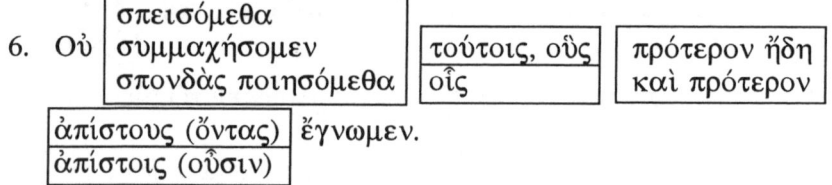

ἀπίστους (ὄντας) ἔγνωμεν.
ἀπίστοις (οὖσιν)

> Wenn der Satz nicht als eine aktuelle Erklärung, sondern als eine allgemeine Verhaltensregel aufgefaßt wird, steht ein Iterativ: οἷς ἂν ἀπίστοις οὖσι γνῶμεν.

XIV Relativsätze 105

7. 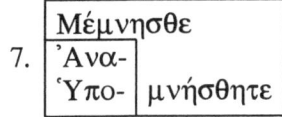 Μέμνησθε / Ἀνα- Ὑπο-μνήσθητε | τοῦ ὅρκου, ὃν ὠμόσατε. / οὗ / οὗ ὠμόσατε ὅρκου. / τὸν ὅρκον, ὃν ὠμόσατε. / ὃν ὠμόσατε ὅρκον.

> μέμνημαι: (fest) in Erinnerung haben (Zustand); μιμνήσκομαι: sich in Erinnerung rufen.
> Bei „erinnern" steht der Genetiv [BR 178e], aber auch der Akkusativ kommt vor.
> ὠμόσατε: auch das Perfekt ὀμωμόκατε (Zustand der eidlichen Verpflichtung) wäre sinnvoll.

8. 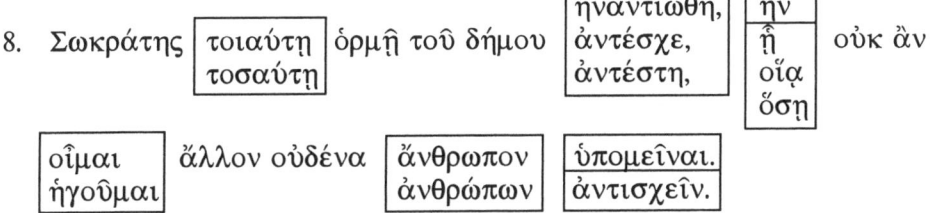 Σωκράτης | τοιαύτῃ / τοσαύτῃ | ὁρμῇ τοῦ δήμου | ἠναντιώθη, ἀντέσχε, ἀντέστη, | ἣν / ᾗ / οἵᾳ / ὅσῃ | οὐκ ἂν | οἶμαι / ἡγοῦμαι | ἄλλον οὐδένα | ἄνθρωπον / ἀνθρώπων | ὑπομεῖναι. / ἀντισχεῖν.

> Inhalt: Der Satz lehnt sich an Xenophon, *Memorabilia* 4.4.2 an, wo vom Widerstand des Sokrates in der Volksversammlung gegen das illegale Vorgehen gegen die Flottenkommandanten der Arginusen-Schlacht berichtet wird. Die Formulierungen Xenophons stehen in den Kästen an erster Stelle.

10. 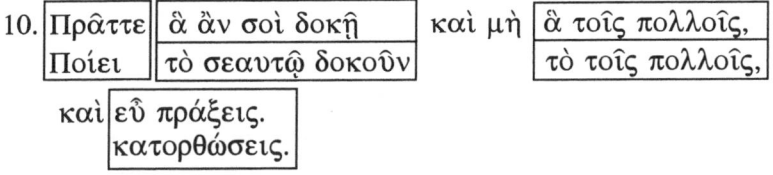 Πρᾶττε / Ποίει | ἃ ἄν σοι δοκῇ / τὸ σεαυτῷ δοκοῦν | καὶ μὴ | ἃ τοῖς πολλοῖς, / τὸ τοῖς πολλοῖς, | καὶ | εὖ πράξεις. / κατορθώσεις.

> „tun": s. Wortfeld Bd. 1,139 Satz 10.
> Erinnerung: Ein Wort, das in zwei Sätzen (oder Teilsätzen) in gleicher Funktion auftritt (δοκῇ/δοκοῦν), braucht nicht wiederholt zu werden.
> „dann": Nach Wunsch- oder Befehlssätzen drückt καί die erwartete Folge aus (Anhang II 2.a).
> „Erfolg haben":
>   • εὖ πράττω (es geht mir gut) erfolgreich sein
>   • κατορθόω (ins Lot bringen) seine Absicht erreichen
>   • εὐτυχέω Glück und Erfolg haben
>   • πλέον ποιέω vorwärtskommen, etwas ausrichten
>   • (τὸ πρᾶγμα) καλῶς ἀποβαίνει (die Sache) geht gut aus
>   • διαπράττομαι erfolgreich verhandeln, durchsetzen

Die Aspekte

Bornemann-Risch § 206-220; Lindemann-Färber § 115-120

1. Präsensstamm: Linearer Aspekt (Vorgang, Situation)

Typische Fälle:
  durativ   ἐκαθεύδομεν   „wir lagen im Schlaf"
  iterativ   ἔθυε κατ' ἐνιαυτόν „er brachte jedes Jahr ein Opfer dar"
  conativ   ἐδίδου   „er bot an"

Sonderfälle, Präsens:
- zeitloses Präsens: τὰ δὶς τέτταρα ὀκτὼ γίγνεται „2 x 4 = 8"
- *Praesens historicum*
  a) dramatisch hervorhebend:
     οὗτοι ... ἐφύλαττον· ὁ δέ Θρασύβουλος καταβαίνει τῆς νυκτὸς ...
     „Sie ... hielten Wache. Aber in der Nacht kam Thrasybulos herab ..."
     (Xenophon, *Hellenika* 2.4.5)
  b) registrierend:
     Δαρείου καὶ Παρυσάτιδος γίγνονται παῖδες δύο „Dareios und Parysatis hatten zwei Kinder" (Xenophon, *Anabasis*, Anfang)
- resultatives Präsens: ἀκούω, νικῶ, φεύγω „ich höre" (= ich habe gehört), „ich bin Sieger", „ich bin auf der Flucht" (= verbannt).

Sonderfälle, Imperfekt:
- negiertes Imperfekt: ἀνίστατο οὐδείς „keiner stand auf" (trotz wiederholter Aufforderung) (Demosthenes 18.170)
- retrospektives Imperfekt: διαφθεροῦμεν ἐκεῖνο ... ὃ τῷ μὲν δικαίῳ βέλτιον ἐγίγνετο, τῷ δ' ἀδίκῳ ἀπώλλυτο „wir werden dasjenige schädigen (d.h. die Seele), was (wie wir früher festgestellt haben) durch Gerechtigkeit besser wird, durch Ungerechtigkeit vernichtet wird" (Platon, *Kriton* 47 D)
- resultatives Imperfekt: ἐνίκα („er war Sieger") usw.
- quasi-conatives Imperfekt der Verben des Schickens, Befehlens, Fragens: ἔπεμπε, ἐκέλευε, ἠρώτα (u.ä.) statt der Aoriste; damit wird angedeutet, daß der Erfolg noch offen ist.

2. Aoriststamm: Punktueller Aspekt (Ereignis, Vollzug)

Typische Fälle:
- effektiv: ἔβαλεν „er traf" (gegenüber ἔβαλλεν „er warf")
- komplexiv, konstatierend: ἐβασίλευσε δέκα ἔτη „er war 10 Jahre lang König"
- ingressiv: ἐβασίλευσε μετὰ τὸν τοῦ πατρὸς θάνατον „er wurde nach dem Tod seines Vaters König"

Sonderfälle:
- Reaktion in unmittelbarer Vergangenheit: ἐγέλασα „da muß ich lachen" (nur 1. Person Sg.)
- Gnomischer Aorist: Vorgänge, die nach der Lebenserfahrung häufig vorkommen, als Sprichwort oder Sentenz formuliert. πολλὰ δ' ἀνθρώποις παρὰ γνώμαν ἔπεσεν „Vieles fällt für die Menschen anders aus, als sie denken." (Pindar, *Olympia* 7.31)

3. Perfektstamm: Perfektiver Aspekt (Zustand als Folge eines Vorgangs)

Typische Fälle:
- *Perfectum intensivum*: τεθαύμακα „ich bin voller Staunen" (gleichbedeutend mit dem Präsens θαυμάζω, aber intensiver; der zugrundeliegende Vorgang wäre mit ingressivem ἐθαύμασα auszudrücken: „ich geriet ins Staunen")
- *Perfectum resultativum*: κέκτημαι „ich besitze" (unterschieden von dem Präsens κτάομαι „ich erwerbe")

Sonderfall:
Briefliches Perfekt: ταῦτά σοι γέγραφα, ἵνα εἰδῇς ... „dies schreibe ich dir, damit du weißt ..." (auch Aorist möglich)

Aspekte im Textzusammenhang

Der Wechsel der Aspekte gibt einem Text ein Relief, das sich im Deutschen nur mit umständlichen Umschreibungen wiedergeben läßt. Vor allem kann in der Erzählung Imperfekt, Aorist und historisches Präsens abwechseln (Beispiel: das erste Kapitel von Xenophons *Anabasis*); die genaue Nuance muß von Fall zu Fall analysiert werden und ist nicht immer eindeutig zu beschreiben. Für den Kontrast zwischen Imperfekt und Aorist kommen folgende Gesichtspunkte in Frage:
1. Zustand, Situation : Ereignis
2. verweilend : fortschreitend; statisch : dynamisch
3. Hintergrund : Vordergrund; Nebensachen : Hauptsachen
4. schildernd : berichtend
5. teilnehmend : neutral; persönlich : sachlich

Textbeispiele:

1. Platon, *Laches* 180 D6-E1

ἀλλ' εἴ τι καὶ σύ, ὦ παῖ Σωφρονίσκου, ἔχεις τῷδε τῷ σῷ δημότῃ ἀγαθὸν *συμβουλεῦσαι*, χρὴ *συμβουλεύειν*.
„Wenn du, Sohn des Sophroniskos (= Sokrates) diesem deinem Gemeindegenossen (= mir) einen guten Rat zu geben hast, dann gib ihn."

> Wortwiederholung mit pointiertem Aspektwechsel: συμβουλεῦσαι ist komplexiver Aorist, der „Rat" erscheint als kompaktes Ganzes, wie ein Paket; συμβουλεύειν bezeichnet einen Vorgang, Verlauf: das Paket muß ausgepackt und im einzelnen ausgebreitet werden.

2. Platon, *Gorgias* 503 B6-8

τῶν παλαιῶν (sc. ῥητόρων) ἔχεις τινὰ *εἰπεῖν*, δι' ὅντινα αἰτίαν ἔχουσιν Ἀθηναῖοι βελτίους *γεγονέναι*, ἐπειδὴ ἐκεῖνος *ἤρξατο* δημηγορεῖν, ἐν τῷ πρόσθεν χρόνῳ χείρους *ὄντες*;
„Kannst du einen von den alten (Rednern) nennen, der Ursache für die Athener war, daß sie besser waren (als früher), nachdem jener begonnen hatte, als (politischer) Redner aufzutreten, während sie in der Zeit davor schlechter gewesen waren?"

> εἰπεῖν: er soll keine langen Ausführungen machen (λέγειν), sondern einfach jemand nennen. ὄντες bezeichnet den früheren Zustand, γεγονέναι den späteren Zustand als das Resultat einer Veränderung. Dazwischen steht ἤρξατο: der Aorist markiert den genauen Zeitpunkt, an dem die Veränderung eingetreten sein müßte. Die Präzision, mit der dieser Zeitpunkt angegeben wird, ist wohl satirisch übertrieben, vgl. den folgenden Satz.

3. Platon, *Gorgias* 515 D6-7 und E2-4

οὐκοῦν ὅτε Περικλῆς *ἤρχετο* λέγειν ἐν τῷ δήμῳ, χείρους ἦσαν οἱ Ἀθηναῖοι ἢ ὅτε τὰ τελευταῖα *ἔλεγεν*; ... ἀλλὰ τόδε μοι εἰπὲ ἐπὶ τούτῳ, εἰ λέγονται Ἀθηναῖοι διὰ Περικλέα βελτίους *γεγονέναι*, ἢ πᾶν τοὐναντίον *διαφθαρῆναι* ὑπ' ἐκείνου;

„Also waren die Athener, als Perikles begann, als politischer Redner aufzutreten, schlechter als in der Zeit, als er seine letzte Rede hielt? ... Aber sage mir außerdem noch, ob man meint, die Athener wären durch das Wirken des Perikles besser geworden oder sie wären im Gegenteil von ihm verdorben worden?"

- ἤρχετο bezeichnet nicht einen Zeitpunkt, sondern eine zeitliche Situation, und ἔλεγεν eine spätere zeitliche Situation. (Das ist realistischer als das überpräzise ἤρξατο in Beispiel 2.)
- γεγονέναι vom Zustand nach der Wirksamkeit des Perikles; dagegen ist der Aorist διαφθαρῆναι effektiv: Der Erfolg seines Wirkens war unheilvoll. Dadurch erhält der zweite Satz eine anklagende Schärfe. Dementsprechend bezeichnet ὑπό (+ Gen.) direkt den Verursacher, also den Schuldigen; διά (+ Akk.) allgemeiner einen maßgeblichen Einfluß.

4. Demosthenes 32.6

ὡς δ' *ἡλίσκεθ'* ὁ Ἡγέστρατος καὶ δίκην δώσειν *ὑπέλαβεν*, *φεύγει* καὶ διωκόμενος *ῥίπτει* αὑτὸν εἰς τὴν θάλατταν, *διαμαρτὼν* δὲ τοῦ λέμβου διὰ τὸ νύκτ' εἶναι, *ἀπεπνίγη*.

„Als (die Leute, die Hegestratos auf einem Schiff bei einem Sabotageakt ertappt hatten) ihn festnehmen wollten und ihm klar wurde, daß ihm eine Strafe drohte, rannte er weg, und als man ihn verfolgte, sprang er ins Meer; und da er das Beiboot verfehlte (auf dem er offenbar entfliehen wollte), weil es Nacht war, ertrank er."

- ἡλίσκετο: „er wurde gefaßt" nicht als Ereignis im effektiven Aorist, sondern im Imperfekt als Situationsschilderung und Hintergrund zu ὑπέλαβεν; man könnte es auch conativ verstehen: die Festnahme war noch im Gang und nicht vollendet. ὑπέλαβεν: ingressiver Aorist zu ὑπολαμβάνω „annehmen, meinen". φεύγει, ῥίπτει: historisches Präsens für die dramatische Handlung, die den Höhepunkt bildet. διαμαρτών, ἀπεπνίγη: faktische Ereignisse (effektive Aoriste), die nach der dramatischen Szene an Bord abschließend nüchtern festgestellt werden.

Keine relativen Zeitstufen

Das System der relativen Zeitstufen (vorzeitig, gleichzeitig, nachzeitig), das im Lateinischen ausgebildet ist, gilt für das Griechische nicht. Zwar steht faktisch in Nebensätzen, Partizipien und Infinitiven oft der Aorist für Vorzeitiges, das Präsens für Gleichzeitiges, das Futur für Nachzeitiges. Das beruht aber nicht auf einer relativen Funktion der Tempora, sondern auf ihrem eigenen Zeit- und Aspektcharakter. Dies wird durch Fälle bewiesen, die der Einordnung in relative Zeitstufen widersprechen.

5. Xenophon, *Anabasis* 1.4.2
ἡγεῖτο δ' αὐτοῖς Τάμως ... ἔχων ναῦς ... πέντε καὶ εἴκοσιν, αἷς ἐπολιόρκει Μίλητον, ὅτε Τισσαφέρνῃ φίλη ἦν.
„Tamos führte (die Flottenabteilung) mit den 25 Schiffen, mit denen er (vorher) Milet belagert hatte, als es auf der Seite des Tissaphernes stand."

➤ ἐπολιόρκει ist vorzeitig. Tamos hatte eine Belagerung betrieben, quasi-conativ: ohne die Stadt erobern zu können. Auch im obigen Beispiel 2. steht das Präsens ὄντες in vorzeitigem Sinn.

6. Thukydides, *Historiae* 1.65
ἔκπλουν ποιεῖται λαθὼν τὴν φυλακήν.
„Er lief (aus dem Hafen) aus, ohne daß die Wachen es bemerkten."

➤ λαθών ist gleichzeitig mit ἔκπλουν ποιεῖται, als effektiver Aorist zu verstehen.

Die Verknüpfung von Sätzen in griechischer Prosa

Bornemann-Risch § 145, 253; Lindemann-Färber § 139-142

1. Grundregel

Jeder Hauptsatz ist mit dem vorhergehenden Hauptsatz durch eine Verbindungspartikel verknüpft (Ausnahmen: s. Abschnitt 3.).

Wenn in einem Satzgefüge ein Nebensatz dem Hauptsatz vorangeht, steht die Verbindungspartikel am Anfang des Nebensatzes.

Auch Nebensätze und ähnliche Satzglieder, z.B. *participia coniuncta*, werden untereinander verknüpft, wenn sie auf gleicher Ebene stehen.

Wenn Partizipien einander gedanklich untergeordnet sind, werden sie nicht verknüpft, z.B. Platon, *Gorgias* 471b: (ὁ τύραννος) ξενίσας καὶ καταμεθύσας αὐτὸν ... ἐμβαλὼν εἰς ἅμαξαν νύκτωρ ἐξαγαγὼν ἀπέσφαξεν. Aufzulösen: ξενίσας καὶ καταμεθύσας ἐνέβαλεν ... ἐμβαλὼν ἐξήγαγεν ... ἐξαγαγὼν ἀπέσφαξεν.

2. Die wichtigsten Verbindungspartikeln

Mit vorangestelltem $^+$ sind sog. postpositive Partikeln bezeichnet, die nie am Satzanfang stehen.

a) Weiterführende Partikeln

$^+$δέ: zunächst antithetisch („aber"), kann aber auch abgeschwächt sein zum bloßen Übergang zu etwas anderem („und", „nun"), etwa zu einem neuen Subjekt. Oft vorbereitet durch $^+$μέν, falls eine Antithese oder wenigstens ein „Einerseits-Andererseits" gemeint ist.

$^+$μέν selbst ist keine Verbindungspartikel.

$^+$οὖν: folgernd; a) sachliche Folge („nun"), b) logische Folge („also"), c) Erläuterung; oft abgeschwächt zur bloßen Weiterführung („als nächstes ...")

Xen., *Anabasis* 1.1.2: ... ἐβούλετο τὼ παῖδε ἀμφοτέρω παρεῖναι. ὁ μὲν οὖν πρεσβύτερος ... Κῦρον δὲ ... (ἐβούλετο: Absicht, οὖν: Verwirklichung, aufgeteilt mit μὲν-δέ)

⁺μὲν οὖν – δέ: beim Übergang von einem Thema zum anderen: erst Zusammenfassung des Gesagten, dann das Neue.
> Arist., *HA*, Übergang vom 1. zum 2. Buch: τὰ μὲν οὖν μόρια („Körperteile") ... τοῦ ἀνθρώπου ταῦτα ..., τῶν δὲ ἄλλων ζῴων τὰ μόρια ...

Nach einer längeren Parenthese nimmt ⁺οὖν wieder auf („wie gesagt", „also").

καί: hinzufügend („und"), oft steigernd („auch", „sogar", „und auch", „und sogar"), auch zeitliche Folge (καὶ ἦλθεν „da kam") und erwartete Folge (nach Wunsch- oder Befehlssätzen: „dann"). Verstärkt:

καὶ μήν: ein wichtiger Zusatz („und zumal"); in Antworten bestätigend („in der Tat")

καὶ δὴ καί: „und vor allem" (am Schluß einer Aufzählung)

ἔτι (δὲ) καί: „außerdem, ferner" (bei Aristoteles auch ἔτι allein)

Die Korrelation καί – καί, ⁺τε – καί betont die Gleichgewichtigkeit

οὐ μόνον – ἀλλὰ καί „nicht nur – sondern auch" (steigernd)

⁺τε: als Satzverbindung seltener

οὐδέ (μηδέ): „und (auch) nicht", nur nach einem verneinten Satz (sonst καὶ οὐ).

b) Folgernde Partikeln

⁺οὖν: s.o. („also")

⁺ἄρα: bei Aristoteles im logischen Syllogismus („daher")

⁺δή: die Evidenz betonend („also natürlich")

διό: = δι' ὅ, relativische Anknüpfung, „deshalb"

οὕτως: (verstärkt: οὕτω δή) „unter diesen Voraussetzungen, nach diesen Vorbereitungen, dann endlich"

ὥστε: leitet einen Konsekutivsatz ein, der als selbständig empfunden werden kann

ἀλλά: leitet oft eine Aufforderung ein, die an das vorher Gesagte anschließt: ἀλλὰ θαρρεῖτε „so seid denn (also) guten Mutes"

⁺τοίνυν: „demgemäß", oft im Dialog, das Gesagte aufgreifend

c) Begründende oder erläuternde Partikeln

⁺γάρ: begründend („denn") oder explizierend („nämlich")

⁺γε: s. unten

⁺γοῦν: = γ' οὖν, Teilbegründung („denn wenigstens", „denn z.B.")

καὶ γάρ: darin kann das καί anreihend sein („denn außerdem"), aber auch bekräftigend („denn tatsächlich")

d) Entgegensetzende Partikeln

⁺δέ: „aber", s.o.

ἀλλά: (verstärkt: ἀλλὰ μήν) „jedoch, sondern, vielmehr", das Gegenteil ausschließend, daher oft nach negiertem Satz, oder einen Einwand einleitend. (Daher der elliptische Ausdruck οὐ μὴν ἀλλά „doch nein! Sondern ..." = „vielmehr, indessen, freilich".)
Im Dialog auch zustimmend: „nun gut"

⁺μήν: „jedoch, indessen" (auch „ferner")

καίτοι: „und doch, freilich" (Einwand oder Einschränkung)

⁺μέντοι: ähnlich δέ (entgegensetzend oder weiterführend)

νῦν δέ: „in Wirklichkeit aber" (nach einem Irrealis)

Zusatz: Die Partikel ⁺γέ ist eigentlich keine Verbindungspartikel, kann aber ein Asyndeton abmildern und dadurch sekundär Verbindungsfunktion ausüben. Der Sinn ist hervorhebend („vor allem, jedenfalls, was ... betrifft"), manchmal auch begründend.

3. Eine Verbindungspartikel steht nicht

a) am Anfang eines in sich geschlossenen Textes, z.B. eines literarischen Werkes, auch eines eingelegten Zitats. Eine Dialogäußerung (z.B. eine Antwort) kann verknüpft werden, muß aber nicht.

Es gibt einige Ausnahmefälle, z.B. bei Xenophon (Anfang von *Symposion, Apologie* u.a.).

b) wenn der Satz vorher angekündigt ist; im Deutschen steht dann oft ein Doppelpunkt. Die Ankündigung kann durch ein vorausweisendes Demonstrativ (besonders die von ὅδε abgeleiteten) geschehen, z.B. Xenophon, *Anabasis* 1.1.6: ὧδε οὖν ἐποιεῖτο τὴν συλλογήν. ὁπόσας εἶχε φυλακὰς ... Thukydides 6.90.2: μάθετε ἤδη. ἐπλεύσαμεν ...

Als Ankündigung gilt auch eine Frage, auf die sich der Sprecher selbst eine Antwort gibt (Xenophon, *Hellenika* 2.3.43).
Nach der Ankündigung einer Begründung steht manchmal ein überflüssiges γάρ, z.B. Herodot 8.120: μέγα δὲ καὶ τόδε μαρτύριον. φαίνεται γὰρ Ξέρξης ...

c) wenn der Satz ein zurückweisendes Demonstrativ enthält (bes. die von οὗτος abgeleiteten, ferner ἐνταῦθα, ἔπειτα usw.), z.B. Xenophon, *Anabasis* 1.1.9: τούτῳ συγγενόμενος ... Eine Verbindungspartikel kann aber zusätzlich stehen.

d) wenn der Satz mit relativischer Anknüpfung beginnt. Hierher gehören διό („deshalb", s.o. 2b) und οἷον („zum Beispiel").

Diese Konstruktion ist nicht so häufig wie im Lateinischen. Statt *quibus rebus cognitis* sagt man lieber ταῦτα (δὲ) ἀκούσας ...

e) wenn die Verbindungslosigkeit einen stilistischen Effekt bewirken soll (rhetorische Figur des Asyndeton, s. Anhang III, 2.5.1). Plutarch, *Caesar* 50.3: Ἦλθον, εἶδον, ἐνίκησα.

Tropen und Figuren

Vorbemerkungen

Die Lehre von den Tropen und Figuren ist ursprünglich ein Teil der antiken Rhetorik (daher spricht man von „rhetorischen Figuren"). Sie bezieht sich also zunächst auf die künstlerisch gestaltete Prosa, läßt sich aber in der Stilistik ganz allgemein anwenden, vor allem in der Poesie und der Umgangssprache (Sprichwörter!).

Das System und die Definitionen der Figurenlehre sind bei den verschiedenen Theoretikern recht unterschiedlich; der vorliegende Grundriß hält sich im allgemeinen an antike Begriffsbestimmungen. Seine Systematik lehnt sich vielfach an die von H. Lausberg an (siehe S. 131).

Vollständigkeit ist nicht erstrebt, sie ist wohl grundsätzlich unerreichbar. Vor allem die zahlreichen Formen der Wortwiederholung sind mit den traditionellen Begriffen nur unvollkommen zu erfassen. Auch die logische Analyse und Gliederung der Begriffe ist nicht bis ins letzte durchgeführt; daher hat die Darstellung weitgehend den Charakter einer Liste. Aussagen über die Funktion der Figuren sind meist vermieden. Allgemein kann man sagen, daß Tropen und Figuren vor allem dem Schmuck der Rede oder zur Verstärkung der Ausdruckskraft dienen; außerdem z.B. dem Euphemismus (Vermeidung eines anstößigen Wortes).

Manche Definitionen mögen auffallend eng erscheinen. Das liegt zunächst an der Absicht, möglichst präzise Formulierungen zu bieten. Dahinter steht aber als objektiver Grund, daß die Figurenlehre als System zu genauen begrifflichen Abgrenzungen nötigt; wenn aber Termini aus ihr in den allgemeinen Sprachgebrauch eingehen (z.B. Ironie, Symbol, Emphase), dann erhalten sie oft eine weitere Bedeutung.

Um ein möglichst spontanes Verständnis zu ermöglichen, sind die Beispiele zumeist der deutschen Sprache und Literatur entnommen. Friedrich Schiller war eine besonders reichhaltige Quelle dafür. Manchmal sind lateinische Beispiele gewählt, selten griechische, vor allem dann, wenn sich im Deutschen keine so treffenden fanden. Alle Beispiele sind durch Anführungsstriche bzw. im Lateinischen durch Kursivschrift gekennzeichnet. Bei der deutschen Form der Termini sind Hinweise auf die Aussprache gegeben: Akzentzeichen auf einem Vokal markieren, daß dieser zu betonen ist.

Definition der Oberbegriffe

Figur (σχῆμα, *figura*) im weiteren Sinne: Ersetzung der einfachen (natürlichen) sprachlichen Äußerung durch eine kunstvoll (künstlich) veränderte.

Diese Definition birgt allerdings gewisse Schwierigkeiten: Erstens gibt es in manchen Fällen für das Gemeinte gar keinen „einfachen" Ausdruck (siehe etwa die „notwendige Metapher" unter 1.1). Zweitens beruhen viele Tropen ursprünglich auf mythischen oder magischen Vorstellungsweisen (z.B. die „mythologische Metonymie", siehe 1.2.1), nicht auf einer kunstvollen, absichtlichen Veränderung des Ausdrucks. Drittens passen manche stilistischen Erscheinungen zwar zu dieser Definition, werden aber doch nicht zu den Tropen oder Figuren gerechnet, z.B. die Wahl eines archaischen oder fremdsprachlichen Ausdrucks.

Die Figuren im weiteren Sinne lassen sich wie folgt unterteilen:

Tropus (τρόπος): Veränderung der Äußerung auf Wortebene; Ersetzung des eigentlichen Ausdrucks (κύριον ὄνομα, *verbum proprium*) durch einen uneigentlichen Ausdruck.

Figur im engeren Sinne: Veränderung der Äußerung auf Satzebene.
Diese wird weiter unterteilt in:
Redefigur (auch „Wortfigur", σχῆμα λέξεως, *figura elocutionis*; eine bessere Übersetzung wäre „Figur des sprachlichen Ausdrucks") und
Gedankenfigur (σχῆμα διανοίας, *figura sententiae*).
Durch eine Redefigur wird eine Äußerung auf Satzebene in sprachlicher Hinsicht verändert, durch eine Gedankenfigur in gedanklicher Hinsicht. Unterscheidungskriterium: Die Redefigur wird bei einer Änderung des Wortlauts zerstört, die Gedankenfigur nicht.

Im folgenden werden unter 1. die Tropen, unter 2. die Redefiguren und unter 3. die Gedankenfiguren einzeln behandelt.

1. Tropen

1.1 **Metápher** (μεταφορά, *translatio*, Übertragung)
Ersetzung des eigentlichen Wortes (Ausdrucks) durch ein Wort (einen Ausdruck) aus einem anderen Sachbereich, der zu dem eigentlichen Wort (Ausdruck) in einem Analogieverhältnis steht. „Da steh ich, ein entlaubter Stamm!" sagt Wallenstein; der eigentliche Ausdruck wäre: „von allen Anhängern verlassen". Ein Sachverhalt im Bereich des Menschenlebens wird

anschaulich gemacht mit Hilfe eines Sachverhalts aus dem Pflanzenreich. Die Situation, abstrakt gefaßt, ist die gleiche: Verlust lebenswichtiger, aber doch ersetzbarer Anhängsel.

Die Metapher steht dem Vergleich (3.10) nahe; als Unterscheidungmerkmal gilt die Vergleichspartikel ‚wie'. „Wie ein entlaubter Stamm" wäre ein Vergleich.

Die Metapher kann über einen einzelnen Ausdruck hinaus weitergeführt werden. Wallenstein fährt beispielsweise fort: „Doch innen / im Marke [des Baumstammes!] lebt die schaffende Gewalt ..." Sie kann dann in die Allegorie (3.16.2) übergehen. Dagegen gilt es als Stilfehler, Metaphern aus verschiedenen Bereichen zu mischen. Beispiel: „Die Bevorzugung der Landwirtschaft wurde durch die Hintertür im Gesetz verankert."

Metaphern, Vergleiche, Symbole und Allegorien heißen allgemeiner **Bilder**.

Nicht nur Substantive werden metaphorisch gebraucht, sondern auch Adjektive („lachende Fluren"), Verben („‚Stillgestanden!' bellte der Feldwebel") und andere Wortarten.

Man kann Metaphern charakterisieren nach Herkunfts- und Zielbereich (im Beispiel: pflanzliches Leben → menschliches Leben). Wenn der Herkunftsbereich menschlich, der Zielbereich nichtmenschlich ist, ergibt sich die **Personifikation** (im weiteren Sinne, zum engeren Sinn siehe 3.8). „Und dräut der Winter noch so sehr mit trotzigen Gebärden ...".

Die Übertragung vom Bereich einer Sinneswahrnehmung zu dem einer anderen heißt (modern) **Synästhesie**. „Das Cello hat einen warmen Ton" (Temperatursinn → Gehörssinn).

Zu einer Metapher tritt oft ein Wort, das den Zielbereich kennzeichnet (es ergibt sich eine Art der Periphrase, siehe 1.5.2). Eine solche Wendung steht oft als Apposition neben dem metaphorischen Wort: „Eilende Wolken! Segler der Lüfte!" (nicht „des Wassers").

Viele Metaphern sind so geläufig geworden, daß sie nicht mehr als Tropus empfunden werden – man nennt sie **erstarrte Metaphern**. Hierher gehören auch diejenigen, für die es gar kein eigentliches Wort gibt, z.B. „Stecknadelkopf". Für diese „notwendigen Metaphern" wird auch der Terminus **Katachrése** (κατάχρησις) gebraucht (wörtlich: „Mißbrauch"), der allerdings auch in anderer Bedeutung vorkommt, insbesondere für die Metaphernmischung.

Erstarrte Metaphern können wieder belebt, d.h. bewußt gemacht werden. Jean Paul lobt eine Übersetzung aus dem Englischen, „... die uns gerade die Gleichnisse Butlers und dessen Laune ungeschwächt über das Meer herübersetzt."

1.2 Metonymíe (μετωνυμία, *denominatio*)

Ersetzung des eigentlichen Wortes durch eines aus demselben Sachbereich (Unterschied zur Metapher!), das zum eigentlichen Wort in einer realen Beziehung steht. Verwandt ist die Synekdoche (siehe 1.3).

Wieder gibt es den Fall der „erstarrten" und der „notwendigen" Metonymie, ebenfalls **Katachrese** genannt. Beispiel: *lingua* für „Sprache".

Die wichtigsten Arten der Metonymie sind folgende:
1.2.1 Person statt Sache.
   Autor statt Werk: „Homer lesen" statt „Homers Werke lesen".
   Gottheit statt Funktion („mythologische Metonymie): „Mars" statt „Krieg" in *agri Marte vastati*.
1.2.2 Ort bzw. Zeit statt an diesem Ort bzw. zu dieser Zeit Existierendem.
   „Der Becher war vergiftet" statt „Der Inhalt des Bechers war vergiftet." (Gefäß statt Inhalt)
   „Der Saal tobte."
   „Mein Herz sagt mir" statt „mein Gefühl" (Organ gedacht als Sitz eines Seelenvermögens).
   „Das Mittelalter glaubte ...".
1.2.3 Ursache statt Folge oder Folge statt Ursache.
   „Die Sonne bringt es an den Tag" für „Das Licht der Sonne ..."
   „die blasse Angst" für „die blaßmachende Angst".
1.2.4 Material statt Erzeugnis.
   „Eisen" statt „Schwert".
1.2.5 Abstraktum statt Konkretum (siehe auch 1.5.3).
   „Die Jugend" statt „die jungen Leute".
1.2.6 Konkretum statt Abstraktum.
   „Das Schwert mit dem Pflug vertauschen" statt „den Krieg mit dem Frieden".
   Es können typische Werkzeuge, Kleidungsstücke u.ä. genannt werden. Diese Ausdrucksweise heißt auch **Symbol** (σύμβολον, *signum*). Heute wird „Symbol" allerdings in viel weiterer Bedeutung gebraucht und umfaßt Teile dessen, was in der Figurenlehre „Metapher" und „Allegorie" heißt; als Gegenbegriff gilt „Allegorie", ebenfalls in veränderter Bedeutung.

1.3 **Synékdoche** (συνεκδοχή)
Verwendung eines Wortes, das entweder weniger oder mehr umfaßt als das eigentliche. Die Synekdoche kann als quantitative Metonymie aufgefaßt werden.

1.3.1 *Pars pro toto*:
   „Tritt unter mein Dach" für „tritt in mein Haus."
1.3.2 *Totum pro parte*:
   „Bringen Sie den Wald in Ihr Haus!" – Werbung für den Kauf eines Weihnachtsbaums.

1.3.3 *Genus pro specie*:
„Ein guter Reiter sorgt zuerst für sein Tier" statt „für sein Pferd."
1.3.4 *Individuum pro specie*:
„Ein Herkules" für „ein starker Mann". „Sibirisches Klima" für „kaltes Klima".
Dies ist eine Umkehrung der Antonomasie (siehe 1.4); man spricht, nach dem Entdecker dieses Sachverhalts, auch von einer ‚Vossianischen Antonomasie'.

1.4 **Antonomasíe** (ἀντονομασία)
Ersetzung eines Eigennamens durch ein Wort, das als Attribut (Apposition) zu ihm stehen könnte. Die Antonomasie kann als eine Art der Synekdoche aufgefaßt werden, nämlich als *species pro individuo*. Vgl. auch 2.2.9.
• Ersatz durch Patronymicum: „der Atride" für „Agamemnon".
• Ersatz durch Ethnicum: „Der Franzose leitete die Sitzung".
• Ersatz durch Appellativum: „Wie der Philosoph sagt" für „wie Aristoteles sagt".
• Ersatz durch Periphrase (siehe 1.5): „der Sieger von Trafalgar" für „Nelson".

1.5 **Periphráse** (περίφρασις, *circumlocutio*, Umschreibung)
Ersetzung eines Wortes durch einen Ausdruck aus mehreren Wörtern.
Häufige Sonderfälle:
1.5.1 Definitionsartige Wendung. „Der Vogel Jupiters" für „Adler". Manchmal rätselartig: „Setz dich auf deine vier Buchstaben" für „auf deinen Popo", ein Euphemismus.
1.5.2 Metapher mit einem Zusatz, der den Zielbereich bezeichnet. „Der König der Lüfte" für „Adler"; „das Licht der Vernunft" für „Denkvermögen".
1.5.3 Ein eine Eigenschaft bezeichnendes Abstraktum (siehe Metonymie 1.2.5) mit Zusatz des eigentlichen Wortes als Attribut. „Zu Aachen in seiner Kaiserpracht / ... / saß König Rudolfs heilige Macht" statt „der mächtige König Rudolf."
Hierzu gehören auch die seit der Spätantike verbreiteten periphrastischen Titulaturen (ἡ σὴ ὁσιότης = *tua sanctitas* = Eure Heiligkeit).
Rätselartige Periphrasen vom Typ 1 oder 2 sind in der nordischen Skaldendichtung üblich und heißen dort **Kenning**: „Lindwurmlager" für „Gold", „Wogenroß" für „Schiff".

1.6 **Empháse** (ἔμφασις)
Verwendung eines allgemeinen Ausdrucks, der durch Kontext und Betonung einen zusätzlichen, oft gefühlsbetonten Gehalt und damit engeren Sinn

bekommt. „Wir wollen leben!" für „... das Leben genießen." Auch **Prägnanz** genannt (moderner Terminus). Siehe auch 2.2.8.

1.7   Verschiebung der Wertigkeit der Aussage

1.7.1 **Hypérbel** (ὑπερβολή, Übertreibung)
„Wolkenkratzer" nach englisch „skyscraper" für „Hochhaus".

1.7.2 **Litótes** (λιτοτής, Untertreibung)
Die antike Theorie beachtet nur einen speziellen Fall: das negierte Gegenteil. Diese Ausdrucksweise schwächt eigentlich ab („Das ist nicht übel" ist schwächer als „das ist gut"), sie wird hier jedoch statt einer Verstärkung verwendet („Es ist mir nicht unbekannt" für „Es ist mir sehr gut bekannt"). Diese Umkehrung der Wertigkeit ist der Ironie verwandt.

1.7.3 **Ironíe** (εἰρωνεία, *simulatio*)
Ausdruck einer Sache durch ein Wort, das eigentlich das Gegenteil bezeichnet. „Dieser Ehrenmann hat Witwen und Waisen bestohlen!" (gemeint: „Schurke")
Im allgemeinen Sprachgebrauch bezeichnet man mit Ironie auch andere spöttische oder höhnische Redewendungen. **Tragische Ironie**: Äußerung, die in einem ganz anderen Sinne wahr ist, als der Sprecher meint; häufig in der Tragödie als Andeutung eines Unheils. „Ich denke einen langen Schlaf zu tun", Wallenstein bei Schiller, Vorausdeutung auf seinen Tod.

2. Redefiguren

2.1   Figuren der Worthäufung

2.1.1 **Worthäufung** (συναθροισμός, *congeries*)
Parataktische Reihung von Wörtern, die einen einheitlichen Sachverhalt bezeichnen. Der Buchtitel „Götter, Gräber und Gelehrte" bezeichnet die „Archäologie". Wenn die Wörter bedeutungsgleich oder -ähnlich sind, spricht man von **Synonymíe** (συνωνυμία). „Üb' immer Treu und Redlichkeit." Siehe auch 2.6.1.

2.1.2 **Pleonásmus** (πλεονασμός)
Unterordnende Häufung bedeutungsähnlicher Ausdrücke. „Ich wiederhole es noch einmal". Meist als Stilfehler angesehen.

2.1.3 **Epítheton** (ἐπίθετον)
Hinzufügen eines im Sachzusammenhang nicht unbedingt erforderlichen Attributs (beschreibend, ausmalend). „Im grünen Walde." Das Epitheton tritt im Epos als stereotypes *epitheton ornans* (moderner Terminus) auf. „Der listenreiche Odysseus."

2.1.4 **Klímax** (κλῖμαξ, *gradatio*)
Eine Häufung mit Steigerungseffekt. Steigernder Ausdrucksgehalt: *Abiit, excessit, evasit, erupit.* Phasen einer Handlung: *Veni, vidi, vici.* In der Antike wurde der Begriff Klimax jedoch anders gebraucht, siehe 2.2.6.

2.1.5 **Diärése** (διαίρεσις, *distributio*)
Eine Häufung, bei der ein Ganzes in einzelne Teile zerlegt wird; das Ganze kann genannt oder weggelassen werden. „Amsel, Drossel, Fink und Star und die ganze Vogelschar." „Er teilte sein Brot mit Drosseln und Meisen."
Eine Sonderform ist die **polare Ausdrucksweise**; durch Verbindung gegensätzlicher Begriffe, die im einzelnen nicht wörtlich zu nehmen sind, wird ein Universalbegriff ausgedrückt. „Himmel und Hölle in Bewegung setzen"; „Alles Mögliche und Unmögliche (!) tun".

2.2 Figuren der Wortwiederholung

2.2.1 **Anápher** (ἀναφορά, *repetitio*)
Wiederholung eines Wortes (oder einer Wortgruppe) jeweils am Anfang aufeinanderfolgender Sätze (oder Kola, Verse). „Der Mohr hat seine Schuldigkeit getan, der Mohr kann gehen."

2.2.2 **Epípher** (ἐπιφορά, *conversio*)
Entsprechende Wiederholung jeweils am Ende. „Laß mich weinen, an deinem Herzen heiße Tränen weinen."

2.2.3 **Sýmploke** (συμπλοκή, *complexio*)
Verbindung von Anapher und Epipher. *Quem senatus damnarit, quem populus Romanus damnarit, eum vos sententiis vestris absolvetis?*

2.2.4 **Epanalépse** (ἐπανάληψις, *geminatio*)
Wiederholung eines Wortes (einer Wortgruppe), meist am Satzanfang. „Tand, Tand ist das Gebilde von Menschenhand."

2.2.5 **Anadiplóse** (ἀνδίπλωσις, *reduplicatio*)
Wiederholung des letzten Wortes eines Satzes (oder Verses) am Anfang des folgenden. „Die Ehre ist verloren, verloren ist das Glück."

2.2.6 **Epíploke** (ἐπιπλοκή, *conexio*; auch κλῖμαξ, *gradatio* genannt)
Eine fortgesetzte Anadiplose. *Ex innocentia nascitur dignitas, ex dignitate honor, ex honore imperium, ex imperio libertas.* Vgl. dazu 2.4.1.3, zum Begriff κλῖμαξ, *gradatio* aber auch 2.1.4.

2.2.7 **Kýklos** (κύκλος, *redditio*)
Wiederholung des ersten Wortes eines Satzes (oder Verses) am Ende desselben. „Lebt wohl, ihr Berge, ihr geliebten Triften, ihr traulich stillen Täler, lebet wohl."

2.2.8 **Distinktión** (διαφορά, *distinctio*)
Spiel mit einem Wort in verschiedenen Bedeutungen (oft ist eine davon emphatisch). Ὡς χαρίεν ἔστ' ἄνθρωπος, ἂν ἄνθρωπος ᾖ – „Welch erfreuliches Ding ist ein Mensch, wenn er ein (wirklich humaner) Mensch ist."

2.2.9 **Variátio** (μεταβολή, Abwechslung)
Vermeidung einer naheliegenden Wortwiederholung, oft mittels eines Tropus. „Horaz wurde 65 v. Chr. geboren. Die Heimat des Dichters ist Venusia."

2.3 Figuren der Worteinsparung

2.3.1 **Ellípse** (ἔλλειψις, *omissio*, Auslassung)
Auslassung eines in der normalen Konstruktion notwendigen Wortes. „Wie der Herr, so's Gescherr" – zu ergänzen wäre „ist" oder „sich benimmt".

2.3.2 **Zéugma** (ζεῦγμα, *ligatio*), genauer: semantisches Zeugma
Beziehung eines Satzteils (meistens Verb) auf mehrere syntaktisch gleichgeordnete Satzteile (meistens Substantive), obwohl er semantisch nur zu einem davon paßt. „Wir sind belauscht mit Ohr und Blick."
Manchmal wird der gemeinsame Satzteil gleichzeitig in eigentlichem und in metaphorischem Sinn verwendet. „Die Seeräuber segelten ab, beladen mit Verbrechen und Schätzen." Oft als Stilfehler angesehen.

2.3.3 **Constructio ἀπὸ κοινοῦ**
Stellung eines zwei Satzgliedern gemeinsamen Satzteiles zwischen beiden Gliedern oder nur beim zweiten Glied (letzteres auch **Versparung** genannt): *Neque tamen pro opinione Thrasybuli auctae sunt opes. – Corpus quasi vas est aut aliquod animi receptaculum.*

2.4 Klangfiguren
Dieser Sammelbegriff umfaßt modifizierte oder partielle Wortwiederholungen und bloße Klangwiederholungen. Diese Gleichklänge dienen oft dazu, Stellungsfiguren (2.7) hervorzuheben. Die Verbindung von parallelen Kola durch Gleichklänge heißt **Par(h)ómoion** oder **Par(h)omoióse** (παρόμοιον, παρομοίωσις) und gehört zur Technik der „gorgianischen Figuren" (siehe 3.2).

2.4.1 Gleichklang des Wortkörpers

2.4.1.1 Paronomasíe (παρονομασία, *adnominatio*)
Verwendung ähnlich klingender Wörter. Hauptformen sind: das Spiel
- mit ähnlich klingenden, aber nach Herkunft und Sinn verschiedenen Wörtern (dieser Fall heißt auch **Parechése**, παρήχησις). „Eile mit Weile."
- mit stamm- und sinnverwandten Wörtern. *Homo sum, humani nil a me alienum puto.* (Paronomasie in anaphorischer Stellung.)

Als Sonderfälle der Paronomasie können die beiden folgenden Figuren aufgefaßt werden:

2.4.1.2 Figura etymológica (moderner Terminus; antik: παρηγμένον, *derivatio*)
Verb mit stammverwandtem innerem Objekt. „Alles geht seinen Gang"; *ire iter*.

2.4.1.3 Polýptoton (πολύπτωτον)
Wiederholung eines Wortes mit Änderung des Kasus (oder anderer Flexionsformen). *Lupus est homo homini.* Die Figuren der Wortwiederholung sind oft durch Polyptoton modifiziert. „Der Mensch lebt durch den Kopf, / der Kopf reicht ihm nicht aus." (Anadiplose mit Polyptoton.) Vgl. auch das Beispiel unter 2.2.6.

2.4.2 Gleichklang einzelner Laute

2.4.2.1 Homoiárchon (moderner Terminus, antik belegt: ὁμοιοκάταρκτον)
Gleichklang des Wort- oder Kolon-Anfangs.

2.4.2.2 Homoiotéleuton (ὁμοιοτέλευτον)
Gleichklang des Wort- oder Kolon-Schlusses. Aus dem Homoioteleuton ist in der Spätantike der Reim entstanden. Hierher gehört der im Mittelalter beliebte „leoninische Hexameter" mit Reim (Homoioteleuton) zwischen *Caesura penthemimeres* und Versschluß. *Post cenam sta__bis__ seu passus mille mea__bis__.*
Wenn der Gleichklang des Wortschlusses durch Gleichheit des Kasus erreicht wird, spricht man vom **Homoióptoton** (ὁμοιόπτοτον). ... *de eius dilect__u__, immo vero de complex__u__ eius ac sin__u__.*

2.4.2.3 **Alliteration** (moderner Terminus, entspricht etwa antik: ὁμοιο-πρόφορον)
Wiederholung eines Lauts. Der Begriff wird meist nur auf den konsonantischen Anlaut bezogen: „Winterstürme wichen dem Wonnemond." Gleichklang von Vokalen heißt gewöhnlich **Assonanz**.
Alliteration ist im Griechischen eher gemieden, in lateinischer Dichtung häufig (*Musa, mihi causas memora*), in germanischer Dichtung obligatorisch (Stabreim).

2.5 Figuren der Wortverbindung

2.5.1 **Asýndeton** (ἀσύνδετον, *dissolutum*)
Auslassung der Verbindungspartikel zwischen koordinierten Satzteilen. „Lehrers Kinder, Pfarrers Vieh / gedeihen selten oder nie."
2.5.2 **Polysýndeton** (πολυσύνδετον, *multiiugum*)
Jedesmalige Setzung der Verbindungspartikel zwischen koordinierten Satzteilen. „Mit Mann und Roß und Wagen, so hat sie Gott geschlagen."

2.6 Figuren der Wortbeziehung

2.6.1 **Hendiadýoin** (ἓν διὰ δυοῖν)
Parataxe von logisch einander untergeordneten Begriffen. *Pateris libamus et auro* statt *pateris aureis*. Der Terminus wird modern auch für synonyme Wortpaare gebraucht, die unter 2.1.1 einzuordnen sind.
2.6.2 **Enallagé** (ἐναλλαγή, ὑπαλλαγή)
Änderung einer Wortbeziehung, insbesondere die Zuordnung eines Adjektivs zu einem übergeordneten Substantiv statt zu einem untergeordneten. „Des Knaben lockige Unschuld."
Verwandt ist die **Prolepsis des Adjektivs**: Ein Adjektiv (oder Partizip) wird einem Substantiv zugeordnet, obwohl es erst Ergebnis der Handlung ist. „Aber ihnen (d.h. den Fischen) schloß auf ewig / Hekate den stummen Mund" (= so daß er stumm wurde).

2.7 Figuren der Wortstellung und Satzkonstruktion

2.7.1 **Parallelismus** (moderner Terminus)
Wiederholung eines syntaktischen Ablaufs. Inhaltlich handelt es sich meistens um Epimone oder Antithese (3.1 und 3.2). „Leicht beieinander wohnen die Gedanken, / doch hart im Raume stoßen sich die Sachen."
Die hebräische Poesie (Psalmen) benutzt häufig den *parallelismus membrorum*, einen Parallelismus mit fast tautologischer Gedankenwiederholung. „Er handelt nicht mit uns nach unseren Sünden / und vergilt uns nicht nach unserer Missetat."

2.7.2 **Isókolon, Párison** oder **Parisóse** ἰσόκωλον, πάρισον, παρίσωσις, *compar*)
Ein Parallelismus mit gleicher Länge (Wortzahl oder sogar Silbenzahl) der Kola. „Schmiert die Guillotine / mit der Pfaffen Fett, / schmeißt die Konkubine / aus des Fürsten Bett."
Das Isokolon gehört zu den gorgianischen Figuren, siehe 3.2.
Ein dreifaches Isokolon heißt **Tríkolon** (τρίκωλον). *De te autem, Catilina, cum quiescunt, probant, cum patiuntur, decernunt, cum tacent, clamant*. Doch hat das Trikolon oft auch **wachsende Glieder**. *Quorum tu et frequentiam videre et studia perspicere et voces paulo ante exaudire potuisti.*

2.7.3 **Chiásmus** (χιασμός, nach der Form des Buchstaben Chi)
Überkreuzstellung entsprechender Satzglieder. „Der Nebel steigt, es fällt das Laub." Neben diesem syntaktischen Chiasmus gibt es einen lexikalischen Chiasmus, Beispiel unter 2.7.4.

2.7.4 **Antimetabolé** (ἀντιμεταβολή, *permutatio*)
Syntaktischer Parallelismus, verbunden mit lexikalischem Chiasmus. „Wir leben nicht, um zu essen, sondern wir essen, um zu leben."

2.7.5 **Hypérbaton** (ὑπερβατόν, *transgressio*, Sperrung)
Trennung von zwei syntaktisch eng zusammengehörigen Wörtern (oft Substantiv und Attribut) durch ein anderes (oder mehrere); zwei Hyperbata können verschränkt sein. *Solacia luctus / exigua ingentis.*

2.7.6 **Inkonzinnität** (moderner Terminus)
Durchbrechung von Parallelismen u.ä. durch syntaktische Variation (Unterschied zur Variatio 2.2.9!). *Ut erat comis bonis, ita adversus malos iniucundus* statt des einfachen Chiasmus *Ut erat comis bonis, ita malis iniucundus.*

3. Gedankenfiguren

3.1 **Epimoné** (ἐπιμονή, *commoratio una in re*, Gedankenwiederholung)
Verweilen bei einem Gedanken durch Wiederholung in anderer Formulierung; oft wird dasselbe positiv und negativ ausgedrückt. „Der Mai ist kommen, der Winter ist aus."
Wenn die Epimone gar keinen neuen Aspekt bringt, wird sie tadelnd **Tautologie** genannt (verwandt mit dem Pleonasmus, s.o. 2.1.2).
Die Epimone ist zu unterscheiden von der Ausmalung, die eine Anwendung der **Evidentia** (3.16.1) ist. „Der Mai ist gekommen, die Bäume schlagen aus."

3.2 **Antithése** (ἀντίθεσις, *contrarium*)
Pointierte Nebeneinanderstellung gegensätzlicher Gedanken, Beispiel unter 2.7.1.
Bei Epimone und Antithese werden als Mittel der Hervorhebung oft die Figuren der Wortstellung und Satzkonstruktion (2.7) sowie Klangfiguren (2.4) verwendet. Der Sophist Gorgias hat die Verbindung von Antithese, Parison (2.7.2) und Paromoion (2.4), also von gedanklicher, syntaktischer und klanglicher Struktur, zu einer Manier entwickelt; deshalb heißen diese drei Figuren Γοργίεια σχήματα, ‚gorgianische Figuren'. Beispiele für gehäuftes Auftreten: ... οὐχ ὡς ἁμάρτημα μεμπτέον, ἀλλ' ὡς ἀτύχημα νομιστέον. Deutsch nachgebildet: Die unheilvolle Liebe Helenas zu Paris „ist nicht als V<u>erfehlung</u> herabzus<u>etzen</u>, sondern als V<u>erstrickung</u> einzusch<u>ätzen</u>".

3.3 **Hýsteron próteron** (ὕστερον πρότερον)
Das zeitlich Spätere wird zuerst genannt. *Moriamur et in media arma ruamus!*

3.4 **Oxýmoron** (ὀξύμωρον)
Enge Verbindung scheinbar widersprüchlicher Begriffe. „Beredtes Schweigen". Das Wort ‚Oxymoron' ist selbst ein Oxymoron: „spitz (d.h. pointiert, witzig) – dumm".

3.5 **Apóstrophe** (ἀποστροφή)
‚Abwendung' des Sprechers (Autors) vom Zuhörer (Leser), stattdessen Anrede an abwesende Personen, Tote, Sachen oder Abstrakta. „Fahr hin, lammherzige Gelassenheit!" In der Poesie insbesondere die Anrede des Dichters an eine Figur seiner Dichtung. „Max und Moritz, wehe euch! Jetzt kommt euer letzter Streich!"

3.6 **Rhetorische Frage** (ἐρώτημα, *interrogatio*)
Verwendung eines Fragesatzes statt eines Aussagesatzes. Die Antwort gilt als selbstverständlich, und zwar nach positiver Frage eine negative, nach negativer eine positive. „Wer hätte das gedacht?" (Niemand.) „Ist das nicht schrecklich?" (Ja.)

3.7 **Ausruf** (ἐκφώνησις, *exclamatio*)
O tempora, o mores!

3.8 **Personifikation** (προσωποποιία, *fictio personarum*)
Einführung lebloser oder abstrakter Dinge als redende Personen. „Ich wollt' es [ein Blümlein] brechen, / da sagt' es fein: / Soll ich zum Welken / gebrochen sein?"
In weiterem Sinne werden auch Metaphern und Allegorien, deren Herkunftsbereich der Mensch ist, Personifikationen genannt (s.o. 1.1).
Die Fiktion von Reden fiktiver, mythischer oder historischer Personen heißt dagegen **Ethopoiíe** (ἠθοποιία, *sermocinatio*).

3.9 **Ékphrasis** (ἔκφρασις, *descriptio*)
Verweilen bei einem Gegenstand durch eine ausführliche, exkursartige Schilderung. Vergil, *Aen.* 1,441-493: der Junotempel bei Karthago. Oft handelt es sich um Bauten und Kunstwerke; bei einer Ortsbeschreibung spricht man auch von τοπογραφία (*loci descriptio*).

3.10 **Vergleich, Gleichnis** (παραβολή, *similitudo*)
Verdeutlichung eines Sachverhalts durch Heranziehen eines analogen Sachverhalts aus einem anderen Bereich.
Durch Weglassen der Vergleichspartikel („wie', ‚gleichsam' u.ä.), oft auch des Verglichenen, entsteht aus dem (kurzen) Vergleich eine Metapher (1.1), aus dem (langen) Gleichnis eine Allegorie (3.16.2).

3.11 **Priámel** (mittelalterliches Wort; ursprünglich für eine Gedichtform gebraucht)
Reihung von Beispielen, von deren Folie am Schluß das Gemeinte abgehoben wird. Kürzeste Form: „Nord, Ost, Süd, West – to hus is't best." Ein ganzes Gedicht in Priamelform: Horaz, *Carm.* 1,1.

3.12 **Gnóme, Sentenz** (γνώμη, *sententia*)
Ein eingefügter Satz allgemeiner Lebensweisheit. „Das Gute, dieser Satz steht fest, ist stets das Böse, das man läßt." Eine Gnome, die allgemein verbreitet ist, heißt **Sprichwort** (παροιμία, *proverbium*).

3.13 **Epiphoném** (ἐπιφώνημα)
Abschluß eines Gedankenganges durch einen allgemeinen Satz, etwa ein allgemeines Urteil über den Sachverhalt, ein Resümee oder eine Sentenz. W. Busch schließt ein Gedicht von einem Vogel, der, den Tod vor Augen, noch ein wenig „quinquiliert": „Der Vogel, scheint mir, hat Humor."

3.14 **Praeterítio** (παράλειψις, *praeteritio*)
Erklärung, einen Gegenstand übergehen zu wollen, wobei er jedoch angedeutet wird. „Die Folge war ein Nachlassen seines Pflichteifers, um von gewissen Exzessen zu schweigen, über die man gerüchtweise hörte."

3.15 **Aposiopése** (ἀποσιώπησις, *reticentia*)
Abbruch eines Satzes. „Mehr als das Leben lieb ich meine Freiheit, / Und wer mich hier verwundet – Doch warum / Mit euch mich streiten über meine Rechte?" Hier wird durch Aposiopese eine offene Drohung vermieden.

3.16 Tropische Gedankenfiguren
Tropische Gedankenfiguren entstehen durch Erweiterung von Tropen zu zusammenhängenden Gedankengängen. Dies geschieht z.B. oft bei Ironie und Hyperbel. Mit der Ironie verwandt sind Sarkasmus, Karikatur, Satire, Parodie, Travestie.

Wichtige Sonderfälle sind:
3.16.1 **Evidéntia** (ἐνάργεια, Veranschaulichung)
Weiterentwicklung einer Metonymie (vgl. 1.2.6: *signum*). Eine abstrakte Aussage wird durch eine konkretere ersetzt, meist durch ein sicht- oder hörbares Ereignis, das anschaulich ausgemalt wird. „Nächtlich am Busento lispeln, bei Cosenza, dumpfe Lieder; / Aus den Wassern schallt es Antwort, und in Wirbeln klingt es wider." statt „Am Fluß B. bei C. findet eine nächtliche Trauerfeier statt."
3.16.2 **Allegoríe** (ἀλληγορία)
Eine Ausdehnung der Metapher auf einen größeren Textzusammenhang. Beispiele: Das Volkslied „Es ist ein Schnitter, heißt der Tod"; Horaz, *Carm.* 1,14 „O navis, referent ..." („Schiff" für „Staat").
In weiterem Sinne versteht man unter Allegorie jede bildliche Verschlüsselung abstrakter Ideen. In der bildenden Kunst spielt sie eine große Rolle (Beispiel: Dürers *Melancholie*). Verwandt ist der im 16. Jh. aufgekommene Begriff **Emblem**, der eine feste Verbindung von allegorischen Bildern mit kurzen deutenden Versen bezeichnet.

Übungsbeispiele

Diese Beispieltexte enthalten manchmal mehrere Tropen oder Figuren; hierauf ist durch zugefügte Zahlen hingewiesen.

1. In der Druckerei wartet der Setzer bereits auf Futter für den Fotosatz. Im Erdgeschoß rattern Maschinen, die die großen Bogen in atemberaubender Geschwindigkeit in Buchseiten verwandeln und die die beachtlichen Papierflächen mit einer faszinierenden Leichtigkeit handhaben. Die Fotos sind die Sorgenkinder. Sie machen den Wettlauf zum Handicaprennen ... (FAZ, 1.3.1980)

2. Die Operation wurde vom Pentagon gelenkt. – Der Reichstag brannte nieder.

3. Die Situation entbehrte nicht der Komik. – Die Situation war wahnsinnig komisch.

4. Der Zahn der Zeit, der schon so manche Träne getrocknet hat, wird auch über diese Wunde Gras wachsen lassen. (4)

5. ... das Glück / tappt unter die Menge, / faßt bald des Knaben / lockige Unschuld, / bald auch den kahlen / schuldigen Scheitel. (8) (Goethe, Das Göttliche)

6. Ja, gnade Dir Gott, du Ritterschaft! / Der Bauer stund auf im Lande, / und tausendjährige Bauernkraft / macht Schild und Schärpe zuschande. (8) (Börries von Münchhausen, Bauernaufstand)

7. Der Nebel steigt, es dampft das Tal. (2)

8. Die Augen des Herrn sehen auf die Gerechten / und seine Ohren auf ihr Schreien. (3) (Psalm 34, 16 in Luthers Übersetzung)

9. Ich habe es mit eigenen Augen gesehen.

10. Und es wallet und siedet und brauset und zischt. (Schiller, Der Taucher)

11. *Arma virumque cano ...* (2) (Vergil, Aeneis 1,1)

12. Er hängt an keinem Baume, / Er hängt an keinem Strick / Er hängt an seinem Traume / Von der freien Republik. (6) (Heckerlied)

13. Denn die einen sind im Dunkeln / Und die andern sind im Licht. / Und man siehet die im Lichte, / Die im Dunkeln sieht man nicht. (4) (Brecht, Dreigroschenoper)

Analyse der Übungsbeispiele

1. Metapher; zwei Epitheta (mit Hyperbel „atemberaubend"), Metapher („verwandeln": Magie → Technik); zwei Epitheta; vier Metaphern.

2. Metonymien. Die erste ist zweistufig: a) geometrische Form statt Gebäude; b) Gebäude statt der in ihm befindlichen Institution oder Behörde.

3. Litotes. Hyperbel mittels Metonymie (wahnsinnig = wahnsinnig machend). Beides für: „Die Situation war sehr komisch."

4. Vier Metaphern; Vermengung der Bilder.

5. Zwei personifizierende Metaphern („tappt", „faßt") zur Allegorie erweitert; Asyndeton; Enallage; Periphrase; Synekdoche („Scheitel" statt „Mensch"); Alliteration; polare Ausdrucksweise („Knabe" und „Greis" für „alle Menschen").

6. Apostrophe; erstarrte Metapher („Aufstand") durch die Verbalform wieder bewußt gemacht; Epitheton („tausendjährig"); Alliteration; zwei Metonymien zu Worthäufung verbunden („Schild und Schärpe" für „Rittertum"); im Ganzen lexikalischer Chiasmus: Ritter / Bauer / Bauer / Ritter (letztes Glied abgewandelt).

7. Gedankenwiederholung; syntaktischer Chiasmus.

8. Gedankenwiederholung; Parallelismus (membrorum); Zeugma.

9. Pleonasmus.

10. Vierfache Worthäufung für das einheitliche Phänomen „Strudel" – für Bewegung und Geräusch je zwei fast synonyme Wörter; Polysyndeton.

11. Metonymie („Waffen" für „Kämpfe"); Hendiadyoin (für „pugnas viri").

12. Parallelismus; ausgeweitete Anapher (ein genau passender Terminus fehlt, etwa: variierende Satzwiederholung); Asyndeton; Zeugma; Priamel.

13. Ausgesponnene Metapher (Allegorie); syntaktischer Parallelismus (V. 1/2); syntaktischer Chiasmus (V. 3/4); im ganzen lexikalischer Chiasmus: Dunkel / Licht / Licht / Dunkel.

Anhang III: Tropen und Figuren

Literaturhinweise
J. Knape, Art. „Figurenlehre", Historisches Wörterbuch der Rhetorik III, Tübingen 1996, 289-342.
H. Lausberg, Elemente der literarischen Rhetorik, München ⁵1976.
H. Lausberg, Handbuch der literarischen Rhetorik, München ²1973.
J. Martin, Antike Rhetorik. Technik und Methode, München 1974 (HAW II 3).
R. Volkmann, Die Rhetorik der Griechen und Römer, Leipzig ²1885.
G. von Wilpert, Sachwörterbuch der Literatur, Stuttgart ⁸2001.
Die Figurenlehre wird auch oft in Grammatiken behandelt, häufig als Anhang. Beispielsammlungen enthalten: H. Lausberg (s.o., v.a. Latein und romanische Sprachen); H. Menge, Repetitorium der lateinischen Syntax § 548-551.

Herkunft der Beispiele
Hinweise mit ‚R' beziehen sich auf die Gedicht-Anthologie von L. Reiners: „Der ewige Brunnen", München ²1959.
1.1 „Da steh' ich": Schiller, Wallenst. Tod 3,13,1792. – „Die Bevorzugung": Rundfunkkommentator 1980. – „Und dräut": Geibel, Hoffnung (R 275). – „Eilende Wolken": Schiller, Maria Stuart 3,1,2098. – Vorschule der Ästhetik § 81, Anm. 1. – 1.2.3 „Die Sonne": Chamisso (R 532). – 1.3.2 Reklamespruch 1975. – 1.5.3 Schiller, Der Graf von Habsburg. – 1.6 Catull, *Carm.* 5,1 – 1.7.2 Schiller, Wallenst. Tod 5,5,3677. – 2.1.1 C.W. Ceram, Buchtitel. – Hölty (R 808). – 2.1.4 Cic., Cat. 2,1,1. – Suet., Caes. 37. – 2.1.5 Hoffmann v. Fallersleben, Frühlings Ankunft. – 2.2.1 Schiller, Fiesco 3,4. – 2.2.2 Schiller, Don Carlos 1,2,181. – 2.2.3 Rhet. ad Her. 4,14,20. – 2.2.4 Fontane, Die Brücke am Tay (R 544). – Scipio Africanus, bei Isid., Orig. 2,21,4. – 2.2.7 Schiller, Jungfrau v. Orl., Prol. 4,383f. – 2.2.8 Menander, Fr. 484 Körte. – 2.3.2 v. Sonnleithner/Treitschke, Fidelio (Text zu Beethovens Oper) Akt 1 Nr. 10 (Gefangenenchor). – R. Stevenson, Treasure Island Kap. 32. – 2.3.3 Nep., Thras. 2,4. – Cic., Tusc. 1,22,52. – 2.4.1.1 Ter., Haut.77. – 2.4.1.3 Plaut., Asin. 495. – Brecht, Dreigroschenoper 3,7. – 2.4.2.2 Regimen sanitatis Salernitanum. – Cic., Cat. 2,10,22. – 2.4.2.3 R. Wagner, Walküre 1,3. – Verg., Aen. 1,8. – 2.5.2 Anon. Lied um 1813. – 2.6.1 Verg., Georg. 2,192. – 2.6.2 Goethe, Das Göttliche (R 875). – Schiller, Hero u. Leander 99f. – 2.7.1 Schiller, Wallenst. Tod 2,2,788-789. – Psalm 103,10. – 2.7.2 Heckerlied (R 447). – Cic., Cat. 1,8,21. – 2.7.3 Storm (R 838). – 2.7.4 Nach Diog.Laert. 2,32 (u.a.) Ausspruch des Sokrates. – 2.7.5 Verg., Aen. 11,63. – 2.7.6 Tac., Agr. 22. – 3.1 W. Müller, Trockene Blumen (vertont v. Schubert in: Die schöne Müllerin). – Geibel (R 38). – 3.2 Gorg., Hel. 19. – 3.3 Verg.Aen. 2,353. – 3.5 Schiller, Maria Stuart 3,4,2437. – W. Busch, Max und Moritz, Letzter Streich. – 3.7 Cic., Cat. 1,1,2. – 3.8 Goethe, Gefunden (R 92). – 3.11 Plattdeutsches Sprichwort. – 3.12 W. Busch, Die fromme Helene, Schluß. – 3.13 R 689. – 3.15 Schiller, Jungfrau v. Orl. 2,2,1445-1447. – 3.16.1 v. Platen (R 400). – 3.16.2 „Es ist ein Schnitter": Anonym (R 237), von Brentano erweitert. – Übungsbeispiele: 5. R 875. – 6. R 410. – 10. R 363. – 12. R 447.

Register der Termini

adnominatio - 2.4.1.1
Allegorie - 1.1 / 3.16.2
Alliteration - 2.4.2.3
Anadiplose - 2.2.5
Anapher - 2.2.1
Antimetabole - 2.7.4
Antithese - 3.2
Antonomasie - 1.4
Aposiopese - 3.15
Apostrophe - 3.5
Assonanz - 2.4.2.3
Asyndeton - 2.5.1
Auslassung - 2.3.1
Ausruf - 3.7
Bild - 1.1
Chiasmus - 2.7.3
circumlocutio - 1.5
commoratio una in re - 3.1
compar - 2.7.2
complexio - 2.2.3
conexio - 2.2.6
congeries - 2.1.1
constructio (ἀπὸ κοινοῦ) - 2.3.3
contrarium - 3.2
conversio - 2.2.2
denominatio - 1.2
derivatio - 2.4.1.2
descriptio - 3.9
Diärese - 2.1.5
dissolutum - 2.5.1
Distinktion - 2.2.8
distributio - 2.1.5
Ekphrasis - 3.9
Ellipse - 2.3.1
Emblem - 3.16.2
Emphase - 1.6
Enallage - 2.6.2
Epanalepse - 2.2.4
Epimone - 3.1
Epipher - 2.2.2

Epiphonem - 3.13
Epiploke - 2.2.6
Epitheton - 2.1.3
Euphemismus - S. 115 / 1.5.1
evidentia - 3.16.1
exclamatio - 3.7
fictio personarum - 3.8
Figur - S. 116
figura etymologica - 2.4.1.2
figura elocutionis - S. 116
figura sententiae - S. 116
Gedankenfigur - S. 116 / 3.
geminatio - 2.2.4
Gleichnis - 3.10
Gnome - 3.12
gorgianische Figuren - 3.2
gradatio - 2.1.4
Hendiadyoin - 2.6.1
Homoioptoton - 2.4.2.2
Homoioteleuton - 2.4.2.2
Hyperbaton - 2.7.5
Hyperbel - 1.7.1
hysteron proteron - 3.3
Inkonzinnität - 2.7.6
interrogatio - 3.6
Ironie - 1.7.3 / 3.16
Isokolon - 2.7.2
Katachrese - 1.1 / 1.2
Kenning - 1.5.3
Klangfiguren - 2.4
Klimax - 2.1.4 / 2.2.6
Kyklos - 2.2.7
ligatio - 2.3.2
Litotes - 1.7.2
loci descriptio - 3.9
Metapher - 1.1
Metonymie - 1.2
multiiugum - 2.5.2
omissio - 2.3.1
Oxymoron - 3.4

Anhang III: Tropen und Figuren

Parallelismus - 2.7.1
Paromoiose - 2.4
Paronomasie - 2.4.1.1
pars pro toto - 1.3.1
Periphrase - 1.5
permutatio - 2.7.4
Personifikation - 1.1 / 3.8
Pleonasmus - 2.1.2
polare Ausdrucksweise - 2.1.5
Polyptoton - 2.4.1.3
Polysyndeton - 2.5.2
Priamel - 3.11
Prägnanz - 1.6
praeteritio - 3.14
Prolepsis - 2.6.2
redditio - 2.2.7
Redefigur - S. 116 / 2.
reduplicatio - 2.2.5
repetitio - 2.2.1
reticentia - 3.15
rhetorische Frage - 3.6
Sentenz - 3.12
sermocinatio - 3.8
signum - 1.2.6
similitudo - 3.10
simulatio - 1.7.3
Stabreim - 2.4.2.3
Sperrung - 2.7.5
Symbol - 1.2.6
Symploke - 2.2.3
Synekdoche - 1.3
Synonymie - 2.1.1
Tautologie - 3.1
transgressio - 2.7.5
translatio - 1.1
Trikolon - 2.7.2
Tropus - S. 116 / 1.
Übertragung - 1.1
Umschreibung - 1.5
variatio - 2.2.9
verbum proprium - S. 116
Vergleich - 3.10

Versparung - 2.3.3
Worthäufung - 2.1.1
Zeugma - 2.3.2

Griechische Termini, soweit nicht in deutscher oder lateinischer Form angeführt:

διαφορά - 2.2.8
ἐκφώνησις - 3.7
ἐνάργεια - 3.16.1
ἐρώτημα - 3.6
ἠθοποιία - 3.8
παραβολή - 3.10
παράλειψις - 3.14
παρηγμένον - 2.4.1.2
πάρισον - 2.7.2
προσωποποιία - 3.8
σχῆμα - S. 116
σχῆμα διανοίας - S. 116
σχῆμα λέξεως - S. 116
συναθροισμός - 2.1.1
τοπογραφία - 3.9
ὑπαλλαγή - 2.6.2

Wortfelder

Angehörige 53
Arbeit 89
aufgeregt sein 82
befreit 50
belästigen 57
beraten 58
Beschluß 90
bitten 70
Buch 52
Erfolg haben 105
essen 54
Fachmann 58
Freude haben 64
frühmorgens 51
Geschoß 52
gestehen 72
glauben 85
herausgeben 79
Himmelsrichtungen 93
in Wirklichkeit 63
jetzt 50
klagen 62
Kleidungsstücke 65
können 62
landen 62
lassen 73
leben 66

muss 58
nachgeben 83
natürlich 86
neu 56
pflegen, gewohnt sein 59
prächtig 92
prüfen, untersuchen 71
eine Rede halten 74
reisen 67
s. bewegen 61
s. irren 72
scheinen 74
Schiff 57
Seeräuber 57
Stadt 93
sündigen 78
täuschen 60
töten 54
unvernünftig 91
verbannen 55
versammeln 104
versuchen 90
völlig 70
Wäsche, Kleidung 49
waschen 49
Wissen 69

Vokabelliste Griechische Stilübungen I

[deutsche reflexive Verben („sich …") stehen unter „s. …"]

aber, jedoch	ἀλλά; δέ (nachg.)	anfangen	ἄρχω
Abreise		Angeklagter	ὁ ἀπολογούμενος
(zu Schiff)	ὁ ἔκπλους,-ου	Angelegenheit	τὸ πρᾶγμα,-ατος
abschlagen	ἀποκόπτω	angemessen	
Abstammung	τὸ γένος,-ους	sein	πρέπει (+ Inf./AcI)
abwehren	ἀμύνω	angenehm	ἡδύς,-εῖα,-ύ
Achill	Ἀχιλλεύς,-έως	angreifen	ἐπέρχομαι
acht	ὀκτώ	Angriff	ἡ ὁρμή
Acker	ὁ ἀγρός	Anhänger	οἱ περί τινα
Aiolos	Αἴολος	Ankara	ἡ Ἄγκυρα
Alexander	Ἀλέξανδρος	anklagen	κατηγορέω (+ Gen.)
Alexandria	ἡ Ἀλεξάνδρεια	Ankläger	ὁ κατήγορος
Alkinoos	Ἀλκίνοος	ankommen	ἀφικνέομαι
alle	πάντες, πᾶσαι, πάντα	anlegen (Kleider)	ἐνδύομαι
allein, einzig	μόνος,-η,-ον	ansonsten	τὰ ἄλλα
alles, ganz	πᾶς, πᾶσα, πᾶν	anstürmen	ἐπιτίθεμαι (+ Dat.)
als (bei Komp.)	ἤ	antworten	ἀποκρίνομαι
als (zeitl.)	ὅτε; ὁπότε; ἐπεί	Apfel	τὸ μῆλον
also	οὖν	Apologie	ἡ ἀπολογία
alt	γεραιός,-ά,-όν; παλαιός,-ά,-όν	Araber	ὁ Ἄραψ,-αβος
		Arbeit	τὸ ἔργον
Altar	ὁ βωμός	arbeiten	ἐργάζομαι
Alter	τὸ γῆρας,-ως	Archon	ὁ ἄρχων,-οντος
alter Mensch	ὁ γέρων,-οντος	Argos	Ἄργος,-ους
altern	γηράσκω	Ariadne	Ἀριάδνη
Altersnahrung	ἡ γηροτροφία	Aristophanes	Ἀριστοφάνης,-ους
Alterspflege	ἡ γηροβοσκία	Aristoteles	Ἀριστοτέλης,-ους
am besten	ἄριστα (Adv.)	arm	πένης,-ητος
Amt	ἡ ἀρχή	Armut, Not	ἡ πενία; ἡ ἀπορία
an (Richtung)	πρός (+ Akk.)		
an die Spitze		Art, Geschlecht	τὸ γένος,-ους
treten	προίσταμαι	Asien	ἡ Ἀσία
an, bei	παρά (+ Dat.); ἐπί (+ Dat.)	Athen	αἱ Ἀθῆναι,-ῶν
		Athena	Ἀθηνᾶ,-ᾶς
anderer	ἄλλος,-η,-ον	Athener	ὁ Ἀθηναῖος
anerkennen	ὁμολογέω	Ätna	ἡ Αἴτνη
Anfang	ἡ ἀρχή	Attika	ἡ Ἀττική

attisch	Ἀττικός,-ή,-όν; Ἀθηναῖος,-α,-ον	beenden	παύω
		befehlen	κελεύω
auch nicht	οὐδέ	beflecken	μιαίνω
auf jede Weise	παντὶ τρόπῳ	befreundet	φίλος,-η,-ον
auf jeden Fall	πάντως (Adv.)	begehren	ἐπιθυμέω (+ Gen.)
auf, darauf	ἐπί (+ Gen.)	beginnen	ἄρχομαι
aufbrauchen	(κατ)αναλίσκω	begraben	θάπτω
aufessen	(κατ)εσθίω	bei (i.d. Nähe)	παρά (+ Dat.)
auffordern	παρακαλέω	bei, in (örtl.)	ἐν (+ Dat.)
Aufgabe	τὸ ἔργον	bei, während	κατά (+ Akk.); περί (+ Akk.)
aufgebracht sein	ἄχθομαι; χαλεπῶς φέρω	bei weitem	πολλῷ (Adv.)
Aufmerksamkeit richten	τὸν νοῦν προσέχω (+ Dat.)	beibringen	διδάσκω
		beide	ἄμφω (Dual); ἀμφότεροι,-αι,-α
aufnehmen	δέχομαι		
aufschreiben	ἀνα-/συγγράφω	beilegen (z.B. Streit)	καταλύω; παύω
Aufsichtsführender	ὁ ἐπίσκοπος	bekommen	λαμβάνω
aufstellen	ἵστημι	belästigen	ἐνοχλέω (+ Dat.)
auftreten (als Redner)	(εἰς τὸν δῆμον) ἀναβαίνω	beleidigen	κακῶς λέγω
		bellen	ὑλακτέω
aufziehen, nähren	(ἐκ)τρέφω	belobigen	ἐπαινέω
		bemerken	αἰσθάνομαι
Auge	ὁ ὀφθαλμός	beneiden	φθονέω (+ Dat.)
aus (heraus)	ἐκ (+ Gen.)	benötigen	δέομαι (+ Gen.)
aus d. Ferne	πόρρωθεν (Adv.)	berauben	στερέω
ausbilden	παιδεύω	bereiten, gewähren	παρέχω
Ausgestaltung	ἡ κατασκευή		
ausschicken	ἀποστέλλω	Berg	τὸ ὄρος,-ους
ausschließen	εἴργω	berühmt	ἔνδοξος,-ον; λαμπρός,-ά,-όν
außerdem	πρὸς τούτῳ		
aussetzen (Preis)	(προ)τίθημι	beschließen	γιγνώσκω; βουλεύομαι
aussteigen	ἐκβαίνω	beschuldigen	αἰτιάομαι
bald, schnell	ταχέως (Adv.); ἐν βραχεῖ	beschuldigt werden	αἰτίαν ἔχω
Barbar	ὁ βάρβαρος	beseelt	ἔμψυχος,-ον
barbarisch	βάρβαρος,-ον	besiedeln	κατοικίζω
Bauer	ὁ γεωργός	besiegen	νικάω
Baum	τὸ δένδρον	Besitz(tum)	ἡ οὐσία; τὸ κτῆμα,-ατος
Beamter	ὁ ἄρχων,-οντος		
bearbeiten	ἐργάζομαι	besser	βελτίων,-ιον

bestrafen	κολάζω	Daphnis	Δάφνις,-ιδος
bestreiten	οὔ φημι	darauf, dann	ἔπειτα (Adv.)
beten (zu)	εὔχομαι (+ Dat.)	Dareios	Δαρεῖος
betreiben	σπεύδω; σπουδάζω	darum	διό; διὰ τοῦτο
		daß	ὅτι
betrüben	λυπέω	dazulernen	προσμανθάνω
betrübt sein	λυπέομαι	Demetrios	Δημήτριος
beurteilen	κρίνω	Demokratie	ἡ δημοκρατία
bevor	πρίν	Demosthenes	Δημοσθένης,-ους
bewachen	φυλάττω	den Sinn richten auf	τὸν νοῦν προσέχω (+ Dat.)
bewaldet	ὑλήεις,-εσσα,-εν		
beweisen	ἀποδείκνυμι	denn	γάρ (nachg.)
bewirten	ξενίζω	dennoch	ὅμως (Adv.)
(be)wohnen	οἰκέω; ἐν-/κατοικέω	der eine ... der andere	ὁ/ἡ/τὸ μέν ... ὁ/ἡ/τὸ δέ
bewundern	θαυμάζω	derjenige, der	οὗτος, ὅς
Bibliothek	ἡ βιβλιοθήκη	derselbe	ὁ αὐτός
Biene	ἡ μέλιττα	deshalb	διὰ τοῦτο
bis zu	πρός (+ Akk.); μέχρι (+ Gen.)	Deutscher	ὁ Γερμανός
		dichten	ποιέω
bitten	δέομαι	Dichter	ὁ ποιητής,-οῦ
bleiben	μένω	Diebstahl	ἡ κλοπή
Bodenschätze	τὰ μέταλλα	dieser hier	ὅδε, ἥδε, τόδε
böse, schlecht	κακός,-ή,-όν; φαῦλος,-η,-ον	dieser	οὗτος, αὕτη, τοῦτο
Bote	ὁ ἄγγελος	Dinge	τὰ πράγματα
Botschaft	ἡ ἀγγελία	Dionysien	τὰ Διονύσια
Brauch, Gesetz	ὁ νόμος	Donner	ἡ βροντή
brauchen, benötigen	δέομαι (+ Gen.)	doppelt	διπλοῦς,-ῆ,-οῦν
		Dorf	ἡ κώμη
bringen	φέρω	dort	ἐκεῖ (Adv.)
bronzen	χαλκοῦς,-ῆ,-οῦν	dumm	μῶρος,-α,-ον
Bruder	ὁ ἀδελφός	durchsetzen	διαπράττομαι
Bundesgenosse sein	συμμαχέω	ebenso wie	ὁμοίως (Adv.)
		edel	εὐγενής,-ές; καλός,-ή,-όν
Bürger	ὁ πολίτης,-ου		
Charakter	τὸ ἦθος,-ους	Ehre	ἡ τιμή
Chorsänger	ὁ χορευτής,-οῦ	ehren	τιμάω; θεραπεύω
dagegensetzen	ἀντιτίθημι	einander	ἀλλήλων (nur obl. Kasus, Dual und Plural)
damals	τότε (Adv.)	Eindruck machen auf	ἐκπλήττω (+ Akk.)
damit (final)	ἵνα (+ Konj.)		

einer, eins (Zahl)	εἷς, μία, ἕν	eßbar	ἐδώδιμος,-η,-ον
einer v. beiden	ἕτερος,-α,-ον	etw. ernst	σπουδάζω
einfach	ἁπλοῦς-ῆ,-οῦν	nehmen	περί (+ Akk.)
einführen	εἰσάγω	euer	ὑμέτερος,-α,-ον
einige	ἔνιοι,-αι,-α	Eukleides	Εὐκλείδης,-ου
einkaufen	ὠνέομαι	Eurymedon	Εὐρυμέδων,-οντος
Einkünfte	αἱ πρόσοδοι,-ων	Fach, Kunst	ἡ τέχνη
einmal, einst	ποτέ (enkl.); πάλαι (Adv.)	fahren (zur See)	πλέω
		Feige	τὸ σῦκον
einstudieren	διδάσκω	Feind	ὁ ἐχθρός
Einzelheiten	τὰ καθ' ἕκαστον	feindlich	πολέμιος,-α,-ον; ἐναντίος,-α,-ον
Elefant	ὁ ἐλέφας,-ντος		
elfenbeinern	ἐλεφάντινος,-η,-ον	Feindseligkeit	ἡ δυσμένεια
Eltern	οἱ γονεῖς,-έων	Feldherr	ὁ στρατηγός
empfangen	δέχομαι	fertigstellen	ἀποτελέω
Ende	τὸ τέλος,-ους	fesseln	δέω
entgegen- treten	ἐναντιόομαι	Fest	ἡ ἑορτή
		Festland	ἡ ἤπειρος,-ου
enthüllen	ἀποκαλύπτω	Festzug	
entkommen	(ἐκ)φεύγω	veranstalten	πομπὴν πέμπω
entlang	κατά (+ Akk.)	Feuer	τὸ πῦρ, πυρός
entweder ... oder	ἤ ... ἤ	Feuer speien	πῦρ ἀναπέμπω
		finden	εὑρίσκω
Erde	ἡ γῆ	Finger	ὁ δάκτυλος
Ereignisse	τὰ γενόμενα	Fisch	ὁ ἰχθύς,-ύος
erfahren	πυνθάνομαι	flehen	ἱκετεύω
erfreulich	ἡδύς,-εῖα,-ύ	fliehen	φεύγω
erfüllen	ἀποτελέω	Fluß	ὁ ποταμός
Erholungspause	ἡ ἀνάπαυλα	folgen	ἕπομαι; ἀκολουθέω
erinnern	ἀναμιμνήσκω		
erkennen	(δια)γιγνώσκω	folgendes	τόδε; τάδε
erleiden	πάσχω	fordern	αἰτέω
erlöschen	ἀποσβέννυμαι	fragen	ἐρωτάω
ermahnen	παραινέω (+ Dat.)	Frau	ἡ γυνή, γυναικός
ernähren	τρέφω	frei	ἐλεύθερος,-α,-ον
Ernährung	ἡ τροφή	Freier	ὁ μνηστήρ,-ῆρος
Eros	Ἔρως,-ωτος	freigeben, freisprechen	ἀπολύω
erster	πρῶτος,-η,-ον		
Erwerb	ἡ κτῆσις,-εως	freiwerden von	ἀπαλλάττομαι (+ Gen.)
erwerben	κτάομαι		
Erzählung	ἡ διήγησις,-εως	Freizeit haben	σχολάζω
erziehen	παιδεύω	fremd	ἀλλότριος,-α,-ον

Fremder	ὁ ξένος	Gefahr	ὁ κίνδυνος
fressen	ἐσθίω	Gefährte	ὁ ἑταῖρος
Freude, Lust	ἡ ἡδονή	gefallen	ἀρέσκω
Freund	ὁ φίλος	gegen (feindl.)	ἐπί (+ Akk.)
freundlich		gegen (Richtung)	πρός (+ Akk.)
(gesinnt)	φιλόφρων,-ον	Gegner sein,	ἀγωνίζομαι;
freundschaftl.		bekämpfen	διαμάχομαι
verkehren	φίλῳ χρῶμαι	Gegner	ὁ ἐναντίος;
Friede	ἡ εἰρήνη		ὁ πολέμιος
Frieden		gehen	βαδίζω;
schließen	σπένδομαι		ἔρχομαι
Frucht	ὁ καρπός	gehorchen	πείθομαι
früher	πάλαι (Adv.)	gehören	εἶναι (+ Gen./Dat.)
Frühling	τὸ ἔαρ, ἔαρος	Geier	ὁ γύψ, γυπός
Frühstück	τὸ ἄριστον	Geld	τὸ ἀργύριον;
führender	ὁ τοῦ δήμου		τὰ χρήματα
Politiker	προστάτης,-ου	gemäß	κατά (+ Akk.)
fünf	πέντε	gemeinsam	κοινός,-ή,-όν;
fünfzig	πεντήκοντα		κοινῇ (Adv.)
für (im Inter-		Gemeinwesen	ἡ πόλις,-εως;
esse von)	ὑπέρ (+ Gen.)		τὸ κοινόν
für (Zweck)	εἰς (+ Akk.)	Gemeinwohl	τὸ κοινὸν ἀγαθόν
furchtbar	φοβερός,-ά,-όν;	Generation	ἡ γενεά
	δεινός,-ή,-όν	genießen	ἀπολαύω (+ Gen.)
fürchten	φοβέομαι;	genügen	ἀρκέω
	δέδοικα	genügend	ἱκανός,-ή,-ον
Fuß	ὁ πούς, ποδός	gerade, bereits	ἄρτι (Adv.)
Fußsoldat	ὁ πεζός	gerecht	δίκαιος,-α,-ον
Fußvolk	τὸ πεζόν	Gerechtigkeit	ἡ δίκη
Galatien	ἡ Γαλατία	gerne	ἀσμένως (Adv.);
ganz und gar	πάντως;		ἡδέως (Adv.)
	παντάπασιν	Gesandter	ὁ πρεσβευτής,-οῦ
ganz, gesamt	ὅλος,-η,-ον	geschehen	γίγνομαι
ganz, jeder	πᾶς, πᾶσα, πᾶν	geschrieben	γραπτός,-ή,-όν
Garten	ὁ κῆπος	Geschworener	ὁ δικαστής,-οῦ
Gastfreund	ὁ ξένος	Gesetz	ὁ νόμος
geben	δίδωμι	gesund sein	ὑγιαίνω
geben, liefern	παρέχω	Getreide	ὁ σῖτος
Gebirge, Berg	τὸ ὄρος,-ους	Gewalt	ἡ βία
geboren werden	γεννάομαι	Gewinn	τὸ κέρδος,-ους
gebrauchen	χρῶμαι (+ Dat.)	gewinnen	νικάω
Gedanke	ἡ φροντίς,-ίδος	(hin)eingießen	ἐγχέω

Glauben schenken	πείθομαι (+ Dat.)	halten für	νομίζω
glauben	νομίζω; δοκεῖ μοι; οἴομαι; ἡγέομαι	Hand	ἡ χείρ,-ρός
		handeln, tun	πράττω
		Handel treiben	ἐμπορεύομαι
gleich	ἴσος,-η,-ον	häufig	πολλάκις (Adv.)
Gleichaltriger	ὁ ἡλικιώτης,-ου	Haus	ἡ οἰκία
Glück haben	εὐτυχέω	Haus(halt)	ὁ οἶκος
Glück, Glückseligkeit	ἡ εὐδαιμονία	Heer	ὁ στρατός
		Heilmittel	τὸ φάρμακον
Glück, Zufall	ἡ τύχη	Heimat	ἡ πατρίς,-ίδος
glücklich	εὐδαίμων,-ον	heiraten	
gnädig	ἵλεως,-ων	(von d. Frau)	γαμέομαι (+ Dat.)
golden	χρυσοῦς,-ῆ,-οῦν	heiraten	
Gorgias	Γοργίας,-ου	(vom Mann)	γαμέω (+ Akk.)
Gott	ὁ θεός	heißen	ὄνομά μοί ἐστιν
Göttin	ἡ θεά; ἡ θεός	Hektor	Ἕκτωρ,-ορος
Gottlosigkeit	ἡ ἀσέβεια	Held	ὁ ἥρως,-ωος
Grab	ὁ τάφος	helfen	συλλαμβάνω (+ Dat.)
Grabhügel	ὁ τύμβος	Helm	τὸ κράνος,-ους
grausam	ὠμός,-ή,-όν	Herakles	Ἡρακλῆς,-έους
Greis	ὁ γέρων,-οντος	Herde	ἡ ἀγέλη
Grieche	ὁ Ἕλλην,-ος	Hermesstatue	ὁ Ἑρμῆς,-οῦ
Griechenland	ἡ Ἑλλάς,-άδος	Herodot	Ἡρόδοτος
griechisch	Ἑλληνικός,-ή,-όν	Herold	ὁ κῆρυξ,-κος
groß	μέγας,-άλη,-α; πολύς, πολλή, πολύ	Herr	ὁ δεσπότης,-ου
		herrschen	ἄρχω
		heute	τήμερον (Adv.)
großen Schaden zufügen	μεγάλα/πολλά βλάπτειν	hier, dort	ἐνθάδε (Adv.)
		zu Hilfe kommen	βοηθέω; ἐπικουρέω
Großkönig	βασιλεύς,-έως	hindern	κωλύω
Großvater	ὁ πάππος	Hirte (allg.)	ὁ νομεύς,-έως
gründen	κτίζω	– (Kleinvieh)	ὁ ποιμήν,-ένος
gut (Adj.)	ἀγαθός,-ή,-όν; χρηστός,-όν	– (Rinder)	ὁ βουκόλος
		Hirtenflöte	ἡ σύριγξ,-ιγγος
gut (Adv.)	εὖ (Adv.); καλῶς (Adv.)	hoch, sehr	μέγα (Adv.)
gut gehen	εὖ πράττω	höchstes Gut	τὸ μέγιστον ἀγαθόν
Gutes tun	εὖ ποιέω (+ Akk.)		
haben	ἔχω	hoffen	ἐλπίζω
Habgieriger	ὁ πλεονέκτης,-ου	Hoffnung	ἡ ἐλπίς,-ίδος
Hades	ὁ Ἅιδης,-ου	Homer	Ὅμηρος
halb	ἥμισυς,-εια,-υ		

Hoplit, Schwer-bewaffneter	ὁ ὁπλίτης,-ου	jüngst	νεωστί (Adv.); ἄρτι (Adv.)
hören auf	ἀκούω (+ Gen.)	Kalb	ὁ μόσχος
hören	ἀκούω	Kalliope	Καλλιόπη
Huf	ὁ ὄνυξ,-υχος	kämpfen	μάχομαι
Hund	ὁ κύων, κυνός	kaufen	ὠνέομαι
hundert	ἑκατόν	Kaufmann	ὁ ἔμπορος
ich jedenfalls	ἔγωγε	Kaukasos	ὁ Καύκασος
ihr	ὑμεῖς,-ῶν	keiner (von beiden)	οὐδέτερος,-α,-ον
im allgemeinen	τὰ πολλά; ὡς ἐπὶ τὸ πολύ	kennen	οἶδα; ἐπίσταμαι
immer wenn	ὅταν (+ Konj.); ἐπειδάν (+ Konj.)	kennen, wissen	οἶδα
		Kind	ὁ/ἡ παῖς, παιδός
immer, ewig	ἀεί (Adv.)	Kirsche	ὁ κερασός
in (wohin?)	εἰς (+ Akk.)	Klearchos	Κλέαρχος
in den Krieg ziehen	στρατεύομαι	Kleid(ung)	ἡ ἐσθής,-ῆτος
		Kleinias	Κλεινίας,-ου
in Zukunft	τὸ λοιπόν	Kleitos	Κλεῖτος
in, auf (wo?)	ἐν (+ Dat.)	Kleon	Κλέων,-ωνος
Indus	ὁ Ἰνδός	Knabe	ὁ παῖς, παιδός
Insel	ἡ νῆσος,-ου	kommen	ἥκω
irgendeiner	τις, τι (enkl.)	kommen, gehen	ἔρχομαι
ja sogar	καὶ δὴ καί	Komödie	ἡ κωμῳδία
Jäger	ὁ θηρευτής,-οῦ; ὁ κυνηγέτης,-ου	König	ὁ βασιλεύς,-έως
		König sein	βασιλεύω
Jahr	ὁ ἐνιαυτός; τὸ ἔτος,-ους	können	δύναμαι
		Konvention	ὁ νόμος
Jahreszeit	ἡ ὥρα	Korinth	ἡ Κόρινθος
je ... desto	ὅσῳ ... τοσούτῳ	Körper	τὸ σῶμα,-ατος
jedenfalls	γε (enkl.); γοῦν	kosten	γεύομαι
jeder (= alle)	πᾶς, πᾶσα, πᾶν	Kraft	ἡ δύναμις,-εως; ἡ ῥώμη
jeder einzelne	ἕκαστος,-η,-ον		
jeder v. beiden	ἑκάτερος,-α,-ον	kräftig	ἰσχυρός,-ά,-όν
jeder, der will	ὁ βουλόμενος	Krankheit	ἡ νόσος,-ου
jedes Jahr	κατ' ἐνιαυτόν	Krater	ὁ κρατήρ,-ῆρος
jedesmal	ἑκάστοτε (Adv.)	Krieg führen	πολεμέω
jener	ἐκεῖνος,-η,-ο	Krieg	ὁ πόλεμος
jetzt	νῦν (Adv.)	Kriegs-gefangener	ὁ αἰχμάλωτος
jonisch	Ἰωνικός,-ή,-όν		
jugendlich	νέος,-α,-ον	Kriegsdienst leisten	στρατεύομαι
junger Mann	ὁ νεανίας,-ου		
		Kritiker	ὁ κριτικός

kritisieren	ὀνειδίζω	Macht	ἡ δύναμις,-εως
Kuchen	ὁ πλακοῦς,-ντος	Mädchen	ἡ κόρη;
Kuh	ἡ βοῦς, βοός		ἡ παρθένος
künftig	τὸ λοιπόν	Magen	ἡ γαστήρ,-τρός
kurz	βραχύς,-εῖα,-ύ	Mahlzeit	τὸ δεῖπνον
kurzum	ὅλως (Adv.)	man sagt	λέγεται
Küste	ἡ ἀκτή		(+ NcI/AcI)
Kyros	ὁ Κῦρος	manche	ἔνιοι,-αι,-α
lachen über	γελάω (+ Akk.)	manchmal	ἐνίοτε (Adv.)
Lager (milit.)	τὸ στρατόπεδον	Mann	ὁ ἀνήρ, ἀνδρός
lahm	χωλός,-η,-ον	Marktplatz	ἡ ἀγορά
lahm sein	χωλεύω	Mathematik	ἡ μαθηματική;
Laie	ὁ ἰδιώτης,-ου		τὰ μαθήματα
Lamm	ὁ ἀμνός	Matrose	ὁ ναύτης,-ου
Land, Erde	ἡ χώρα; ἡ γῆ	Mauer	τὸ τεῖχος,-ους
zu Lande	κατὰ γῆν	Meer	ἡ θάλαττα;
lang	μακρός,-ά,-ον		τὸ πέλαγος
längst	πάλαι (Adv.)	Meeresbucht	ὁ κόλπος
Lärm	ὁ θόρυβος	mehr	μᾶλλον (Adv.)
lassen, erlauben	ἐάω	mehr als	μᾶλλον ἤ
Last	τὸ ἄχθος,-ους	mein	ἐμός,-ή,-ον
laufen	τρέχω	Meinung	ἡ δόξα; ἡ γνώμη
Laurion	τὸ Λαύρειον	meistens	τὰ πολλά
leben	ζῶ; βιόω	melden	ἀγγέλλω
Leben, Lebens-		Menalkas	Μενάλκας,-α
unterhalt	ὁ βίος	Menge	τὸ πλῆθος,-ους
leer	κενός,-ή,-όν	Mensch	ὁ ἄνθρωπος
lehren	διδάσκω	Metapher	ἡ μεταφορά
leicht	ῥᾴδιος,-ία,-ον	Milch	τὸ γάλα,-ακτος
Leid, Trauer	ἡ λύπη	Mischkrug	ὁ κρατήρ,-ῆρος
leiden (an e.		mißgönnen,	φθονέω
Krankheit)	νοσέω; κάμνω	beneiden	(+ Dat. u. Gen.)
lieben	ἀγαπάω; φιλέω;	mit	μετά (+ Gen.)
	στέργω	mit der Zeit	τῷ χρόνῳ
Lied	ἡ ᾠδή	mit Namen	ὀνομαστί (Adv.)
Literaturwis-		mit Tages-	
senschaftler	ὁ γραμματικός	anbruch	ἅμα τῇ ἡμέρᾳ
Lohnarbeiter	ὁ μισθωτός	Mitglied,	
lösen	λύω	Genosse	ὁ κοινωνός
loswerden	ἀπαλλάττομαι	Mittel,	
Luft	ὁ ἀήρ, ἀέρος	Kunstgriff	ἡ μηχανή
lügen	ψεύδομαι	mittlerer	μέσος,-η,-ον

möglich sein	ἔξεστιν (+ Inf./AcI)	nicht	οὐ; μή
möglichst	ὡς (+ Superl.)	nie(mals)	οὐδέποτε; οὔποτε μηδέποτε; μήποτε
Mord	ὁ φόνος	Niederlage	ἡ ἧττα
Mörder	ὁ φονεύς,-έως	niederschießen	κατατοξεύω
morgen	αὔριον (Adv.)	niederschreiben	συγγράφω
Mühe	ὁ πόνος	niemand, nichts	οὐδείς,-ενός;
Mund	τὸ στόμα,-ατος		μηδείς,-ενός
münden	εἰσβάλλω; ἐμβάλλω	noch nicht	οὔπω (Adv.)
		noch nie	οὐπώποτε (Adv.)
Muse	ἡ Μοῦσα	noch	ἔτι (Adv.)
Musenkunst	ἡ μουσικὴ (τέχνη)	Nomade	ὁ νομάς,-άδος
müssen	δεῖ (+ Inf./AcI); ἀνάγκη (ἐστίν) (+ Inf./AcI)	nur	μόνον (Adv.)
		Nuß	τὸ κάρυον
		nützen	ὠφελέω (+ Akk.)
Mutter	ἡ μήτηρ,-τρός	nützlich	χρήσιμος,(-η),-ον
Myriade (= 10.000)	ἡ μυριάς,-άδος	obwohl	καίπερ (+ Part.)
		oder	ἤ
nach (hinein)	εἰς (+ Akk.)	Odysseus	Ὀδυσσεύς,-έως
nach (wohin?)	πρός (+ Akk.)	offen s. Meinung sagen	παρρησιάζομαι
nach (zeitl.)	μετά (+ Akk.)		
nach, gemäß	κατά (+ Akk.)	öffentlich	δημοσίᾳ (Adv.)
nach Hause	οἴκαδε (Adv.)	oft, häufig	πολλάκις (Adv.)
Nachbar	ὁ γείτων,-ονος	ohne zu	οὐ/μή (+ Part.)
nachdem	ἐπεί	ohne	ἄνευ (+ Gen.)
nachgeben	συγχωρέω	Oligarchen	οἱ ὀλίγοι
nachlässig sein	ἀμελέω	Olive	ἡ ἐλάα
Nacht	ἡ νύξ,-κτός	Olympische Spiele	(τὰ) Ὀλύμπια
Name	τὸ ὄνομα,-ατος		
Natur	ἡ φύσις,-εως	opfern	θύω
naturgemäß	κατὰ φύσιν	Orpheus	Ὀρφεύς,-έως
Naxos	ἡ Νάξος	Ort	ὁ τόπος
nehmen	λαμβάνω	Pamphylien	ἡ Παμφυλία
nennen	καλέω; λέγω; ὀνομάζω	Park	ὁ παράδεισος
		Partei	ἡ ἑταιρεία
Netz	τὸ δίκτυον	Patroklos	Πάτροκλος
neu	καινός,-ή,-όν; νέος,-α,-ον	Penelope	Πηνελόπη
		Pergamon	(τὸ) Πέργαμον
nicht mehr	οὐκέτι (Adv.)	Perikles	Περικλῆς,-έους
nicht nur ... sondern auch	οὐ μόνον ... ἀλλὰ καί	Perser	ὁ Πέρσης,-ου
		Perserkönig	βασιλεύς,-έως
nicht wissen	ἀγνοέω; ἀπορέω		

Pfeil	τὸ τόξευμα,-ατος; ὁ οἰστός	Reiter	ὁ ἱππεύς,-έως
		Reiterei	τὸ ἱππικόν
Pferd	ὁ/ἡ ἵππος	retten	σῴζω
Pflicht	τὸ δέον; τὸ προσῆκον	Rhetorik	ἡ ῥητορική (τέχνη)
		riechen	ὀσφραίνομαι
pflügen	ἀρόω	riesig	πελώριος,-α,-ον
Platon	Πλάτων,-ωνος	Rind	ὁ/ἡ βοῦς, βοός
Platz	ἡ χώρα; ὁ τόπος	Ring	ὁ δακτύλιος
Pluton	Πλούτων,-ωνος	Rom	ἡ Ῥώμη
Politik	τὰ πολιτικὰ (πράγματα)	rufen	καλέω
		Ruhm	ἡ δόξα
Politiker	ὁ πολιτευόμενος	s. aneignen	κτάομαι
Polyneikes	Πολυνείκης,-ους	s. auszeichnen	εὐδοκιμέω
prächtig	λαμπρός,-ά,-όν	s. begegnen	ἀπαντάω
Preis (eines Wettkampfs)	τὸ ἆθλον	s. beherrschen	ἐμαυτοῦ κρατέω
		s. bewegen	κινέομαι
Preis, Ehre	ἡ τιμή	s. erinnern	μέμνημαι
Priamos	Πρίαμος	s. erschrecken	ἐκπλήττομαι
Priester	ὁ ἱερεύς,-έως	s. freuen	ἥδομαι (+ Dat.)
Prometheus	Προμηθεύς,-έως	s. kümmern	ἐπιμέλομαι (+ Gen.); ἐπιμελέομαι (+ Gen.)
Proxenos	Πρόξενος		
Prozeß	ἡ δίκη	s. rächen an	τιμωρέομαι (+ Akk.)
Prozeß führen	δικάζομαι		
Rache	ἡ τιμωρία	s. schämen	αἰσχύνομαι
rächen (jd.)	τιμωρέω (+ Dat.)	s. setzen	καθίζομαι
raten	συμβουλεύω	s. streiten	ἐρίζω
Rätsel	τὸ αἴνιγμα,-ατος	s. treffen	συγγίγνομαι; συνέρχομαι
Recht	ἡ δίκη		
Recht haben	τἀληθῆ λέγω; τὰ δίκαια λέγω	s. unterscheiden	διαφέρω (+ Gen.)
zu Recht	δικαίως (Adv.)	s. unterreden, unterhalten	διαλέγομαι
Rede, Wort	ὁ λόγος		
Redner	ὁ ῥήτωρ,-ορος	s. wenden	τρέπομαι
Regen	ὁ ὑετός; τὸ ὕδωρ,-ατος	s. wundern	θαυμάζω
		s. zeigen	φαίνομαι
reich	πλούσιος,-ία,-ιον	sagen	λέγω
reich werden	πλουτίζομαι	sagen (wie lat. *inquit*)	φημί (enkl.)
reinigen	καθαίρω		
Reise	ἡ πορεία	Samen(korn)	τὸ σπέρμα,-ατος
reisen	πορεύομαι	Sanftmut	ἡ πραότης,-ητος
reiten	(ἵππῳ) ἐλαύνω; ἱππεύω	Satz	ὁ λόγος

Säulen d. Herakles	αἱ Ἡράκλειαι στῆλαι	schweigen	σιγάω
schaden	βλάπτω (+ Akk.)	schwierig	χαλεπός,-ή,-όν
Schande	ἡ αἰσχύνη	schwören bei	ὄμνυμι (+ Akk.)
scheinen	φαίνομαι; δοκέω	See (der)	ἡ λίμνη
		See (die), Meer	ἡ θάλαττα
		zur See	κατὰ θάλατταν
Scheiterhaufen	ἡ πυρά	Seefahrt	ὁ πλοῦς,-οῦ
schenken	δωρέομαι	Seele	ἡ ψυχή
schicken	πέμπω	Seemann	ὁ ναύτης,-ου
Schicksal	ἡ συμφορά	sehen	ὁράω
Schiff	ἡ ναῦς, νεώς	sehr groß	πάμπολυς, -πόλλη,-πολυ
Schlacht	ἡ μάχη		
schlachten	σφάττω	sein	εἰμί
Schlachtreihe	ἡ φάλαγξ,-γγος	selbst, selber	αὐτός,-ή,-ό
schlafen	καθεύδω	seltsam	ἄτοπος,-ον
Schlag	ἡ πληγή	setzen	τίθημι
schlecht	κακός,-ή,-όν	Sicherheit	ἡ ἀσφάλεια
schlechte Eigenschaft	ἡ κακία	sichern	(δια)φυλάττω
		siebzig	ἑβδομήκοντα
Schlechtigkeit	ἡ κακία	siegen	νικάω
Schlechtes tun	κακῶς ποιέω (+ Akk.)	Silber	ὁ ἄργυρος; τὸ ἀργύριον
schließlich	τέλος (Adv.)		
Schmerzen haben	ἀλγέω	singen	ᾄδω
		Sizilien	ἡ Σικελία
schnell	ταχύς,-εῖα,-ύ	Sklave	ὁ δοῦλος
Schnelligkeit	τὸ τάχος,-ους	Skythe	ὁ Σκύθης,-ου
schön	καλός,-ή,-όν	so ... also	δή; τοίνυν
schonen	φείδομαι	so groß	τοσοῦτος, -αύτη,-οῦτον
Schönheit	τὸ κάλλος,-ους		
schrecklich	δεινός,-ή,-όν	... wie	ὅσος,-η,-ον
schreiben	γράφω	so	οὕτως (Adv.)
Schrift (Literaturwerk)	τὸ σύγγραμμα	Sohn	ὁ υἱός; ὁ παῖς,-δός
Schrift (Buchstaben)	τὰ γράμματα	Sokrates	Σωκράτης,-ου
		(ein) solcher	τοιοῦτος, -αύτη,-οῦτο
Schriftsteller	ὁ συγγραφεύς,-έως	... wie	οἷος,-α,-ον
Schule	τὸ διδασκαλεῖον	Soldat	ὁ στρατιώτης,-ου
schwach	ἀσθενής,-ές	sollen (= werden)	μέλλω (+ Inf.)
schwachsichtig	ἀμβλύς,-εῖα,-ύ		
schwarz	μέλας,-αινα,-αν	Sommer	τὸ θέρος,-ους
Schwefel	τὸ θεῖον	sommerlich	θερινός,-ή,-όν

sondern	ἀλλά	Tag	ἡ ἡμέρα
Sonne	ὁ ἥλιος	Talent	τὸ τάλαντον
sonst	εἰ δὲ μή	tapfer	ἀνδρεῖος,-α,-ον
Sophist	ὁ σοφιστής,-οῦ	Tat	ἡ πρᾶξις,-εως;
Sophokles	Σοφοκλῆς,-έους		τὸ ἔργον
sowohl …	καί … καί;	und in der Tat	καί … γε
als auch	… τε καί	tausend	χίλιοι,-αι,-α
spannen	τείνω	Teil	τὸ μέρος,-ους
Spartaner	ὁ Λακεδαιμόνιος	teils … teils	τὰ μέν … τὰ δέ
Speer	τὸ δόρυ, δόρατος	Telemach	Τηλέμαχος
Speise	ὁ σῖτος;	Tempel	τὸ ἱερόν;
	τὸ σιτίον		ὁ νεώς, νεώ
sportlich	γυμνικός,-ή,-όν	Theater	τὸ θέατρον
Sprache	ὁ λόγος	Theben	αἱ Θῆβαι
spüren	αἰσθάνομαι	Theseus	Θησεύς,-έως
Staat, Stadt	ἡ πόλις,-εως	Tier	τὸ θηρίον; τὸ ζῷον
Staatskasse	τὸ δημόσιον	Timon	Τίμων,-ωνος
stark	ἰσχυρός,-ά,-όν	Tod	ὁ θάνατος
Stärke	ἡ δύναμις,-εως;	Tongefäß	ὁ κέραμος
	ἡ ἰσχύς,-ύος	Tor	αἱ πύλαι
Statue	τὸ ἄγαλμα,-ατος;	töten	ἀποκτείνω
	ὁ ἀνδριάς,-άντος	Toter	ὁ νεκρός
stehlen	κλέπτω	tragen, bringen	φέρω
Stein	ὁ (ἡ) λίθος	Tragödie	ἡ τραγῳδία
steinern	λίθινος,-η,-ον	Tragödien-	
Stele	ἡ στήλη	dichter	ὁ τραγῳδοποιός
Stelle	ὁ τόπος	transportieren	κομίζω; ἄγω
sterben	ἀποθνῄσκω	jd. treffen	συντυγχάνω (+ Dat.)
Sterbliche	οἱ θνητοί	trinken	πίνω
Steuer zahlen	τελέω	Troas	ἡ Τρῳάς,-άδος
Stoiker	οἱ Στωικοί	Trojaner	ὁ Τρώς, Τρωός
stolz sein	μέγα φρονέω	trotzdem	ὅμως (Adv.)
Straße, Weg	ἡ ὁδός,-οῦ	tüchtig	χρηστός,-ή,-όν
Stratege	ὁ στρατηγός	Tugend	ἡ ἀρετή
Streben,		tun	ποιέω
Begierde	ἡ ἐπιθυμία	Übellaunigkeit	ἡ δυσκολία
Strecke	τὸ διάστημα,-ατος	üben	γυμνάζω
Streit	ἡ ἔρις,-ιδος	über (= lat. *de*)	περί (+ Gen.)
Stunde	ἡ ὥρα	überführt	
süß	γλυκύς,-εῖα,-ύ	werden	ἁλίσκομαι
Syrakus	(αἱ) Συράκουσαι	überlassen	ἀφίημι;
Syrakusaner	ὁ Συρακόσιος		παραδίδωμι

überqueren	διαβαίνω	unzuverlässig	ἄπιστος,-ον
überreden	πείθω	Vater	ὁ πατήρ,-τρός
Überredung	ἡ πειθώ,-οῦς	Vaterland	ἡ πατρίς,-ίδος
übertreffen	ὑπερβάλλω; ὑπερέχω	verbannt sein	φεύγω
		verbergen	(ἀπο)κρύπτω
übertreten	παραβαίνω	verborgen sein	λανθάνω (+ Part.)
übrig	λοιπός,-ή,-όν	verbreiten	διασπείρω
die Übrigen	οἱ λοιποί	verbrennen	καίω
um ... herum	περί (+ Akk.)	Verbündeter	ὁ σύμμαχος
umhergehen	περιπατέω	verderben	διαφθείρω
umkommen	ἀπόλλυμαι	verdienen	ἄξιός εἰμι
unangenehm	ἀηδής,-ές	verdienen, erwerben	κτάομαι
unbrauchbar	ἄχρηστος,-ον		
undankbar	ἀχάριστος,-ον	verehren	θεραπεύω; τιμάω
ungehorsam sein	ἀπειθέω	verfassen	συγγράφω
		verfolgen	διώκω
ungeschrieben	ἄγραφος,-ον	verkaufen	πωλέω
ungewiß, treulos	ἄπιστος,-ον	verlassen	καταλείπω
		Verletzung	τὸ τραῦμα,-ατος
Unglück	ἡ συμφορά; ἡ δυστυχία	verliebt sein	ἐράω; ἔραμαι
		verlieren	ἀποβάλλω; ἀπόλλυμι
Unglück haben	δυστυχέω		
unglücklich	ἄθλιος,-α,-ον; δυστυχής,-ές	verloren sein	ἀπόλωλα
		vernachlässigen	ὀλιγωρέω (+ Gen.); ἀμελέω (+ Gen.)
unheilbar	ἀνίατος,-ον		
unpassierbar	ἄβατος,-ον	vernichten	ἀπόλλυμι; διαφθείρω
Unrecht	ἡ ἀδικία		
Unrecht tun	ἀδικέω	Vernunft	ὁ νοῦς,-οῦ
Unrecht (mit Unrecht)		vernünftig	φρόνιμος,-η,-ον; ἔμφρων,-ον
vergelten	ἀνταδικέω	verrichten	πράττω; ἐργάζομαι
unschuldig	ἀναίτιος,-ον		
unser	ἡμέτερος,-α,-ον	Versammlung	ὁ σύλλογος
unsterblich	ἀθάνατος,-ον	verstehen	γιγνώσκω
unterlassen	παραλείπω	verteidigen	ἀμύνω (+ Dat.)
unterliegen	ἡττάομαι (+ Gen.)	vertrauen	πιστεύω
unterscheiden	διακρίνω	verurteilt werden	ὀφλισκάνω
unterwerfen	καταστρέφομαι; ὑποτάττω		
		verwandt	συγγενής,-ές
Unwetter, Sturm	ὁ χειμών, ῶνος	viel, groß	πολύς, πολλή, πολύ
unzählig	μυρίος,-α,-ον	viele	πολλοί,-αί,-ά

vielleicht	ἴσως (Adv.)	Wand	ὁ τοῖχος
Viergespann	τὸ τέθριππον	warm	θερμός,-ή,-όν
Vogel	ὁ/ἡ ὄρνις,-ιθος	warten	μένω
Volk, Bürger-		warum?	(διὰ) τί
schaft	ὁ δῆμος	was?	τί
Volk, Stamm	τὸ ἔθνος,-ους	Wasser	τὸ ὕδωρ,-ατος
Volksver-	ἡ ἐκκλησία;	wechseln	μεταβάλλω
sammlung	ὁ δῆμος	Weg	ἡ ὁδός,-οῦ
voll	μεστός,-ή,-όν; πλήρης,-ες	wegen, auf Grund	διά (+ Akk.)
vollenden	ἀποτελέω	wegen,	ἕνεκα (+ Gen.,
von (bei Pass.)	ὑπό (+ Gen.)	um willen	nachg.)
von (bei Pers.)	παρά (+ Gen.)	weggehen	ἀπέρχομαι
von (heraus)	ἐκ (+ Gen.)	weil	ὅτι; ἐπεί
von (woher?)	ἀπό (+ Gen.)	Wein	ὁ οἶνος
vor	πρό (+ Gen.)	weinen	δακρύω; κλαίω
Vorfahren	οἱ πρόγονοι	Weintraube	ὁ βότρυς,-υος
vorfinden	καταλαμβάνω	weise	σοφός,-ή,-όν
vorführen, zeigen	ἐπιδείκνυμι	Weise, Art	ὁ τρόπος
		Weiser	ὁ σοφός
Vorgesetzter	ὁ ἡγεμών,-όνος; ὁ ἄρχων,-οντος	weiterziehen	ἐξελαύνω
		wenig, gering, klein	μικρός,-ά,-όν; ὀλίγος,-η,-ον
vorher tun, zu- vorkommen	φθάνω (+ Part.)	wenn (prospektiv)	ἐάν (+ Konj.)
vorher	ἔμπροσθεν (Adv.)	wenn (kondi-	
vornehm	εὐγενής,-ές	zional)	εἰ
Vorrat	τὰ ὑπάρχοντα; τὰ παρόντα	wenn auch	εἰ καί
		wenn doch	εἴθε (+ Opt.)
Wache	ὁ/ἡ φύλαξ,-ακος	wenn (zeitl.)	ὅτε; ὅταν (+ Konj.)
wachsen	φύομαι	wer (Rel.)	ὅς, ἥ, ὅ;
Waffen-		(verallg.)	ὅστις, ἥτις, ὅτι
stillstand	αἱ σπονδαί	wer v. beiden?	πότερος,-α,-ον
Wagen	ἡ ἅμαξα	wer?	τίς, τίνος
wählen	αἱρέομαι	werden	γίγνομαι
wahr	ἀληθής,-ές	werfen	βάλλω; ῥίπτω
während	κατά (+ Akk.)	wert	ἄξιος,-ία,-ιον
während, zur Zeit von	ἐπί (+ Gen.)	Wespe	ὁ σφήξ,-κός
wahrhaftig!	(ἦ) μήν	Wettkampf	ὁ ἀγών,-ῶνος
Wahrheit	ἡ ἀλήθεια; τὸ ἀληθές,-οῦς	Wettkämpfer	ὁ ἀθλητής,-οῦ
		wie groß?	πόσος,-η,-ον
Wald	ἡ ὕλη	wie	ὡς; ὥσπερ